徐京植
Suh Kyungsik

責任について

日本を問う20年の対話

高橋哲哉
Takahashi Tetsuya

高文研

はじめに

本書に収めているのは高橋哲哉と徐京植との対談である。対談は以下の三回にわたって行なわれ、高文研編集部が整理して構成した。

第一回　二〇一六年八月七・八日／第二回　同年九月一三・一四・一五日／第三回　二〇一七年四月一日

本来もっと早い時期に刊行すべきものであったが、諸般のやむを得ない事情のため、最後の対談から一年数カ月後の刊行となった。この間に、世界と日本の情勢にかなりの変化があった。そのうち最大のものは、本年二月の韓国平昌《ピョンチャン》冬季オリンピックを契機とする朝鮮半島の緊張緩和であり、それは四月の南北首脳会談（板門店宣言）から六月の米朝首脳のシンガポール会談へとつながっている。東アジア情勢の局面は劇的に変化した。

他方、日本では相変わらず「森友学園・加計学園問題」や「南スーダン・イラク派遣自衛隊の日報問題」などをはじめとして、公文書の隠蔽、改竄、国会での虚偽答弁など、政官界からマスコミにいたるまで、民主政治を基本から破壊する「モラルの崩壊」が進行し、社会全体を蝕んでいる。

国内的には批判勢力が無力化され、国際的には孤立を深める日本は、ますます世界と日本自身にとっての危険要因として浮上してきた。どうしてこういうことになったのか。そのことを徹底的に見つめる以外に、この危険なスパイラルを脱する道はないであろう。本書では、対談終了後に起こったこれらの変化をすべてカヴァーすることはできなかったが、ここで著者たちが語り合った内容自体は、今日の事態をより長期的な尺度に立って考察するための参照軸になりうるものと信じる。

本書で触れているとおり、高橋と徐は一九九〇年代半ば以来二〇年余、折に触れて対話を重ねてきた。その最初に刊行されたものは、『断絶の世紀・証言の時代』（岩波書店、二〇〇〇年）である。この歳月の間、著者二人はそれぞれの立場から、日本社会を蝕む病理を、より根本的に考察することに努めてきた。私たち個々人には、この危機の進行を食い止める妙案や力はない。ただ、後に続く人びとのために証言を残すべきであると痛感し、あらためて対話を行なって本書を世に問うことにした。私たち二人の二〇年余に及ぶ対話を貫く重要なテーマは「責任」であった。このテーマの重みは現在ますます増していると考える。このような考えで、本書のタイトルを決定した。

本書資料編に高橋哲哉と徐京植による単行本未収録文のほか、読者の理解に資するため略年表などを収めた。

二〇一八年八月一五日

共著者の一人　**徐《ソ》京植《キョンシク》**

＊――目次

II　日本の「地金」

III　「犠牲のシステム」と植民地主義

Ⅳ 「普遍主義」の暴力

資料編

装幀＝柳裕子

1

戦後民主主義は「メッキ」だったのか

応答責任から逃避した日本の二〇年

徐　今の日本は、一国の副総理が「(憲法改正は)ナチスの手法に見倣って」とヘラヘラ笑って発言〈註1〉しても、首相が「(原発事故は)アンダーコントロール」などと本人も国民も嘘だとわかっている発言〈註2〉をしても、その地位に留まることが許される社会になってしまいました。国民多数もそのことを容認している、あるいはむしろ歓迎しているという悪夢のような現実が目の前で繰り広げられています。私はこのような「尺度の失われた混沌」――簡単に言うと、弱い者は助けなきゃならないというような、建前としてあった尺度すらもうなくなってしまった社会で我々は生きていると思っています。高橋さんは、このようなおぞましい社会が生まれる起点をどのあたりと考えていますか。

高橋　そうですね。今に続く流れの起点といえば、いわゆる歴史修正主義が日本社会で台頭した一九九〇年代後半にあるのではないかと見ています。

冷戦終結や「昭和」の終わりが重なった時期、一九九一年に韓国の金学順《キムハクスン》さんが元日本軍「慰安婦」として名乗り出たことをきっかけにして、アジア各地から、日本の侵略戦争の被害者が声を上げたのが九〇年代初頭でした。私はこれでもう日本政府は戦後責任の否認から逃れられないだろうと、なぜなら元「慰安婦」の人たちが本当に象徴的な存在なのですが、満身創痍の証人が自ら語り出したのだから、これを否定できるものはありえないだろうと思ったのですが、そうではありませんでした。

敗戦後半世紀が経とうとする当時の社会の中で、あの頃私は、戦後生まれの世代であっても、戦争被害者たちの告発、問いかけに対してまずは応答する責任が当然生じると考えました。かつて自分が生まれる前にあった出来事であっても、いま現在の隣人たちの声を無視すれば、信頼関係をつくり出すことはできません。そういう基本的な人間と人間のコミュニケーションの形である呼びかけと応答の関係からしても、これに応答する責任があると思いました。

そして、さまざまな政治的なメカニズムを通して隠蔽されてきたために、過去の出来事について知らなかったり、忘れていたことが、被害者の証言によって明らかになった以上は、それをきっかけとして、それに応えるために歴史を知るというところに進んでいかなければいけない。過去の歴史、自分たちの国が過去に何をしたのかなどについても知る責任があり、それを知った上で自ら歴史について判断をし、応答する。私自身は「慰安婦」問題について、日本国家の責任として国が責任を負うべき事案だと判断したわけですけれど、さらに考えを進めると、他者からの呼びかけ、問いかけ、糾弾、告発がなくても、敗戦直後にすぐにでもやるべきであったということがわかってきます。

ところが、「慰安婦」問題だけでなく、日本帝国の戦争責任や植民地支配責任を問う被害国の人びとの声に対して、九〇年代後半の日本社会では、歴史修正主義というべきバックラッシュが保守勢力とメディアを中心に展開されました。私はこの反動的なキャンペーンが日本社会の世論を大きく変えたと考えています。

今回、徐さんとの二冊目の対談集となりますが、前回の対談集『断絶の世紀　証言の時代』（岩波書店、二〇〇〇年）は、二〇〇〇年一月の発行でした。この本に収録されたのは、一九九八〜九九年にかけて、雑誌『世界』で行なった連続対談です。その翌月に出したのが、辺見庸氏との対談集『私たちはどのような時代に生きているのか』（角川書店、二〇〇〇年）でした。九九年は、国旗国歌法、周辺事態法、そしていわゆる盗聴法（通信傍受法）が成立した年で、辺見氏は「九九年問題」と言っていましたが、これも日本社会を大きく変質させた出来事でした。

二〇〇〇年代に入って、9・11同時多発テロ事件（二〇〇一年）があり、米軍がアフガニスタンとイラクに進攻しました。日本では、小泉首相が訪朝し（二〇〇二年）、拉致問題が明らかとなります。小泉訪朝は日朝国交正常化をめざした首脳外交でしたが、日本人拉致事件が事実であることを金正日《キムジョンイル》氏が認めたことで、日本社会では凄まじい北朝鮮バッシングが起きました。

私は拉致事件については、国家犯罪であることが明らかになった以上、当然それに伴う謝罪や補償が要求されてしかるべき事案だと思いました。しかし同時に、日本統治下の植民地朝鮮で行なわれた膨大な国家犯罪について、日本の責任が全く果たされていないわけですから、この事件をきっかけにして植民地支配以来の日本と朝鮮の関係について根本的な反省に向かっていく、日本側にとってもある種のチャンスだと考えたのですが、そのような方向には全く進まなかった。拉致問題をきっかけにして日本社会には愛国ナショナリズム的な論調が蔓延し、いまも支配的なままです。

私は先ほど述べた九〇年代後半の保守勢力による歴史修正主義キャンペーンと、この日本人拉致事件をめぐる「応答の失敗」が、日本の状況を変えた二つの大きな要因だったと見ています。

二〇〇〇年代に入ると、小泉政権の下で新自由主義政策が推し進められ、まがりなりにも包摂型であった日本社会が解体して「勝ち組」「負け組」と言われるような階層に分化し、「格差社会」が生まれるに至った。この社会の亀裂の〝弥縫策〟であるかのようにしてナショナリスティックな言説がメディアを通して日本社会を席巻するようになり、現在ではすっかり定着してしまいました。

そして二〇一一年に東日本大震災と福島原発事故が起こる。それに並行して、沖縄の普天間基地問題が辺野古新基地建設をめぐって深刻な状況になって、特に民主党政権の蹉跌の後、自民党安倍政権が日本の社会全般を支配するようになりました。

いま、私たちの眼前に広がっている光景は、九〇年代後半からのおよそ二〇年余り、日本が応答責任を果たすことに失敗してきた結果、東アジアとの関係で言えば、最悪の保守政権が、しかも長期政権として居座って自分たちの年来の野望を着々と実現しつつある。そういう意味で絶望的と言っていい状況ですね。

徐　いま、高橋さんが総論的に述べてくださった、その中の一つのキーワードは「応答責任」ですね。この「応答責任」に対して、右派による正面からの否定論とか歴史修正主義というのは当然あるけれど、今回の対談では、いわゆるリベラル派、新聞で言うと朝日・毎日・東京新聞やそこで発言する知識人たちが「応答責任」というものにどのように対峙したのかも主なテーマにしたいと考えています。

戦後民主主義という「メッキ」がはがれ落ちた〝二〇年〟と、私たち二人が共有した歴史を重ね合わせて検討してみたい。この二〇年という時間の中で、高橋・徐という二人の人間が何を考えてきたか、どんな仕事をしてきたのかをきちんと遺すべきだと思うんですね。そして、日本の植民地主義という「地金」がむき出しになった現在を考えてみたいと思います。

加藤典洋氏との論争（一九九五年）

高橋　戦後五〇年の一九九五年に、加藤典洋氏が雑誌『群像』（一九九五年一月号）に「敗戦後論」を発表しました（『敗戦後論』〈講談社、一九九七年〉所収）。私には加藤氏の主張にいくつも異論があって、それらを後に『戦後責任論』（講談社、一九九九年）に収めた諸論考で展開することになったのですが、とくに焦点になったのは、アジアの死者への哀悼の前にまず自国の死者を哀悼し、それによって国民的・同一的な主体を作り上げた上で初めて他者への哀悼が可能なのだという加藤氏の主張でした。私はこの主張に対して、アジアの死者への哀悼抜きの国民的・同一的主体なるものに疑問を提起して論争になったわけですけれども、大方の論争がそうであるように決着がつかない形で終わってしまいました。

徐　加藤典洋氏の「敗戦後論」に対する批判は同じ『群像』に書かれたのでしたか？『群像』とはそれまで付き合いがあったのですか。

高橋　ええ、『群像』一九九五年三月号に「汚辱の記憶をめぐって」を書きました。それまで、『群像』の編集部とはまったく付き合いはありませんでした。

徐　ということは、加藤氏の主張に黙っていられなくて、ご自分から？

高橋　いや、なぜか依頼がきたんですよ。「慰安婦」問題について書いてくれと。だから、加藤氏の「敗戦後論」の批評をしてくれという依頼ではなかったのですが、私はこういうものを書きたいけれどもいいかと言ったら、編集者が「それは大歓迎です」と。そこで、前半は自分の「慰安婦」問題についての基本的なスタンスと、謝罪と補償がなぜ必要なのかという話、後半では、加藤氏の議論は具体的に問われている謝罪や補償の問題に対してブレーキをかけることになるのではないか、そういう意図があったかどうかは別として、少なくとも「敗戦後論」はそのような効果を持つだろうと書きました。

徐　もう少し基本的な質問をしたいのですが、哲学や倫理学といったご自身の学問と「慰安婦」という存在は、高橋さんの中でどのようにつながっていくのでしょうか。

高橋　私が大学で教え始めたのは一九八〇年代中頃でした。その頃、哲学の世界では、政治的、社会的な問題について論じるということがほとんどありませんでした。哲学の中で政治的・社会的問題を扱うのはマルクス主義の立場からのものがほとんどで、私が最初に学んだ現象学を含めた哲学界全般では高踏的な態度でバカにされていましたね。私は物心ついた頃から、民主主義の憲法があるのになぜ「天皇」という不思議な存在がいて、しかもそれに触れることはタブーとされているのかと疑問を感じていましたし、中学・高校を通して、憲法の原則が通用しているとは思えない政治の世界が存在するのを知って大きな疑問を感じるようになりました。そこで、根本から考えたいと哲学を始めたんですね。

しかし、さきほど言ったように、日本の哲学の世界は政治的・社会的な問題を扱うことに対して否定的で馬鹿にしたような雰囲気がありました。マルクス主義者たちがイデオロギー的な議論をすることに対する反発かもしれないけれど、現実政治とかかわることを忌避する人たちもいました。早い話、飲み会などで政治や社会の話題になっても、ひどく通俗的で浅薄な認識しか持っていない人が多いように感じられて仕方がなかった。私はそのことに次第に耐えられなくなってしまったんです。

つまり、自分の中に政治的・社会的な関心は元々あって、哲学というやり方で自分の認識を磨きたいと思ったけれども、哲学の世界にはそうした問題意識を冷笑するような雰囲気があった。そんな環境の中で、次第に、西洋哲学の潮流において〈他者との関係〉はどうなっているのか——他者認識のあり方を批判的に分析するという課題が見えてきました。そういう視点がどこから得られたかというと、私の場合はやはりジャック・デリダ〈註3〉が大きかったですね。九〇年代の初めに出した『逆光のロゴス—現代哲学のコンテクスト』（未来社、一九九二年）や『記憶のエチカ—戦争・哲学・アウシュヴィッツ』（岩波書店、一九九五年）あたりまでは、近現代哲学の古典にあえて政治的・社会的な問題意識を突きつけるというスタイルをとっていました。しかしこれも、現象学のオーソドックスな人たちからはかなりの反発を買ったので、いよいよこういう世界にこだわる必要はもうないなと思って、もっと具体的に政治的・社会的な問題を真正面から取り上げて議論していくという道を九〇年代なかばから選択したということだと思います。

徐　いまの話を聞いていて、哲学という学問、あるいは哲学界というものが自分の居所としてあるのではなくて、高橋さんの場合はまず「自律的倫理」があって、そのために哲学を選んだということですね。しかし、実はこれは難しいことであり、希なことだと私は思っています。「孤立を感じますか」という問いを私はつい誰にでも投げるんだけれど、高橋さんからはそうだという答えは聞いたことがない。ただ、私がよく憶えているのは、学会とかのあとの飲み会に付き合わないようにしている、学会が終わったらちゃんと自分の部屋に引き上げると。

高橋　そんなこと言いましたかね（笑）。たぶんそれは、日本的な飲み会の文化があまり好きではないからですね。

ナショナリズムと日本リベラル派

高橋　徐さんと私が出会ったのは九〇年代の中頃だったのではないでしょうか。当時の私はフランスの映画『ショア』〈註4〉（クロード・ランズマン監督）の上映運動にかかわっていて、その関係で徐さんと知り合ったと記憶しています。その後、九六年にはアウシュヴィッツにご一緒させていただいただきました。また、私が編者の一人となった『ナショナル・ヒストリーを超えて』(東京大学出版会、一九九八年)は、歴史家も入っているけれども、多様な分野の人が「慰安婦」問題を中心に戦後責任問題について論じるという構成で、徐さんにも書いていただきました。全体のテーマはタイトルからもわかるように、ナショナリズム批判でした。

徐 誰から依頼されたのか思い出せないけれど、「母を辱めるな」〈註5〉という論考を執筆しました。

高橋 当時、東京大学出版会におられた羽鳥和芳さんでしたね。徐さんはかなり躊躇されながら、注文をつけておられました。

徐 そう、私はナショナリズムを本質的に、根本的に批判することには全く賛同しますが、それがいわば普遍主義的なかたちで、宗主国国民の歴史や植民地支配責任について相対化するという方向でその言説が動員されていくことには警戒していました。つまり、『ナショナル・ヒストリーを超えて』というタイトルも、日本のナショナル・ヒストリーを超えるという話なのか、植民地被害国の運動のナショナリズムを批判するのかというあたりも曖昧でしたので、私自身かなり躊躇したんですね。それであえてムキになって他の人たちが書きそうなこととは違うものを書こうとして、「母を辱めるな」を書いたんです。

ナショナリズムを超えるのは結構だけれども、日本のリベラル派の知識人はナショナリズムを批判する際に往々にして自分自身を除外した上で、日本の国粋主義的なナショナリズムを論じることが多く、自己の中に無意識に内在しているナショナリズムをどれくらい自覚しているのかということに、私は常に疑問を持っています。その点を問題化したいと思ってこの三〇年来そういうことを言ってきましたが、現在、目の前に広がっている言説界の状況を見ると、私の問題提起が真摯に受けとめられたかどうか疑問です。

この「母を辱めるな」をめぐっては後日談があって、ある研究会に呼ばれたことがありました。この私の論文をめぐって議論するという集まりだったのですが、その研究者たちが私のような在日朝鮮人マイノリティーであることを発話の基本に据えているような人間を呼ぶ時には、私の方は単なる情報提供者とか、〝資料〟として消費されてはならないという強い意識がありました。私を呼ぶ方は善意であっても、無意識に研究対象として見ているわけですから。

高橋　戦後日本でリベラルな側にいる知識人は、過去の歴史に対しては批判的であり、そういう意識で韓国や中国や台湾等の東アジアの知識人と交流していると、自分自身がナショナリストだという自覚はなく、ナショナリズムはとうに乗り越えていると思っている。しかし、韓国や中国の人びとから「日本人としての」責任が問われた場合、それをどう受け止めるのか、それに応答しようとすると自分はナショナリストになってしまうと考えるのかどうか、ですね。そう考えると、あの本の執筆者の間には潜在的な亀裂があって、その後、その亀裂が顕在化して今に至っている、ということかもしれません。

この亀裂は、沖縄の問題でも同じように見られるように思います。沖縄に対する日本人のポジショナリティ（政治的権力的位置）を問題化して、野村浩也氏（広島修道大学教授）が『無意識の植民地主義—日本人の米軍基地と沖縄人』（御茶の水書房、二〇〇五年）を出版した時、本土と沖縄の連帯運動を阻害しかねないとずいぶん批判されました。この本の論点の一つは、日本のリベラル派で沖縄に対して連帯の態度を示す人たち――研究者、運動家らの言説の中に、実は無意識の日本ナショナリズム、あるいは沖縄に対する植民地主義的な視線があるのではないか、ということです。そして、この点を批判された本土の知識人がその批判に向き合わない状況がずっと続いてきた、と指摘したのです。

この構図は、すでに『ナショナル・ヒストリーを超えて』の段階で、徐さんの中で意識されていたということですね。

徐　もう少し言うと、「母を辱めるな」というのは、私自身も気楽には使えない言説です。なぜなら、元「慰安婦」の宋神道《ソンシンド》さんと同じ年に生まれた母を〝資料〟として提供するということは、私が母を消費しているかもしれないという意識と常に向き合わなければならないからです。それでも書いたのは、もしかしたら私の母が宋神道さんの運命をたどっていたかもしれないと想像することが、いわゆる抽象的言説としての「慰安婦」ではなく、対象に肉付きを与え血が通った存在であることを心に銘じるためである、そういう覚悟がありました。

しかし、一九九七年九月二八日に行なわれたシンポジウム「ナショナリズムと慰安婦問題」では、上野千鶴子氏から、家族の比喩を用いるのは家父長制的発想であり、ナショナリズムと非常に親和的な関係が見て取れるという批判が出ました。〈註6〉私の発想の中に家父長制的なものがまったくないと開き直って言うつもりはないですが、「女性解放」というある種の普遍主義的ポジションからの批判に接すると、植民地支配責任が問われるプロジェクトの中で宗主国と被支配国の人びとが出会った時に、一方が他方を上から目線で排斥するというような構図になって現れがちだということです。

例えば、私のような在日朝鮮人がこういう抑圧を感じるとか、こういう差別を受けているという話をした時に、日本のリベラル派の人たちが「何も違わないよ、あなたがナニジンでも変わらないよ」みたいな反応が返ってくることがある。つまり自分たちは普遍的な人権にすでに目覚めていて、民主主義者であると自覚していて、いわば遅れた意識にとどまっている人間に対して啓発するという態度ですね。そうじゃなくて、自分がこの体制を構成している一員だとなぜ自覚できないのか。そういう日常的なズレの感覚が学問的な言説の場で競り上がってきた。それが九〇年代後半にすでにあったということです。

高橋　あとで「基地引き取り論」について話しますが、日本の反戦平和論者、安保体制に反対で沖縄の反基地運動にかかわろうとする人たちは、本土の日本人の圧倒的多数が安保を支持している現実から無自覚に自分を除外して、沖縄の人びとと連帯しますという人がいます。そういう人が沖縄の人から「基地は本土が押しつけてきたものだから本土の責任で引き取るべきだ」と言われた時に、それを沖縄ナショナリズムだとか、排外主義だとか言って切り捨ててしまう。おっしゃるような「普遍主義的」な言説でそういう議論を封じ込めてきた側面があるんです。

徐　そう、あなた方は未だに民族主義的な発想から抜けられない、みたいな物言いですね。

高橋　さきほどのシンポジウムで鮮明に憶えているのは、私が「慰安婦」問題について、日本人としての責任は否認できないと、少なくとも日本の国籍を持ち、日本政治の有権者である人間は政府の行為に対して主権者として責任を持っているのだから、戦後責任を否定することはできないという議論をした時に、上野氏が「あなた、そんなこと言ってるとナショナリストだって言われるよ」と。これが非常に印象的でしたね。

その意味では、当時の私の議論には二つの面があるんですよ。一つは加藤典洋氏との議論で、高橋は加藤氏をナショナリストだと単純に決めつけて批判している、「国民国家」批判論を振りかざしているだけだと言われました。

もう一つには、高橋は「日本人としての責任」を言う――ということは高橋だってナショナリストじゃないかと批判されました。加藤氏とは同じ国民国家のナショナルな枠の中で対立しているだけであって、問題はそのナショナルな枠を超えることなんだとね。

実際は、当時の私も、日本のナショナルな枠をそう簡単に超えられるなどと思っていなかったし、国民国家批判論についても、現実に国家権力がありそれが暴力装置すら持ってさまざまな場面で権力を行使している時に、これを「乗り越える」と言ってもどの意味でのことなのかと、観念的な「乗り越え」論にはとても与することはできないと考えていました。そして国民国家が現実に機能している以上、少なくともその国家が過去にやったことについての責任がいまだ果たされていないのであれば、その国家の有権者はその枠を踏まえて謝罪し補償する――そういうことは当然あってしかるべきではないかと思っていたわけですね。

ただし、それに加えて、単純に国籍を持っているとか、有権者だからという枠だけでなく、いわばエスニックな差異にもとづく歴史的な責任の違いもあるだろうと考えていました。徐さんは前回の対談集『断絶の世紀　証言の時代』の中で、「中心部日本国民」と「周縁部日本国民」という概念を提示されましたね。「中心」と「周縁」というのは差別化する言い方で違和感があるという批判もありましたが、現実に日本国民の中で圧倒的多数を占めているのはエスニックな意味での「日本人」（沖縄で言うヤマトンチュ）なわけで、このカテゴリーに属する人びとが「中心部日本国民」として日本国の政治を事実上決定している。朝鮮半島出身者やその他諸外国の国籍を持っていた人が日本国籍を取得したとしても、中心部日本国民との歴史的責任の度合いの違いは厳然として存在するんじゃないか。そういう意味でも「日本人としての責任」を否定することはできないだろうと考えました。

徐　高橋さんの戦後責任論の前には、家永三郎氏の『戦争責任』（岩波書店、一九八五年）があって、その中にはある種の血統主義的な発想というのが見られましたが、高橋さんの議論で決着がついたと思ったら、全然そうはならないで今に至っています。例えば、国籍法一つをみても、血統主義的に決定されているわけで、つまり、血統主義的に決定された日本国民が法的な日本国の主権者であれば結局血統的日本人が主権者だという論理になる。血統的に違う日本人を入れるか入れないかの権限はいつも中心部が持っているわけで、現在は移民とか在日とかに対する攻撃という形で、極めて巧妙に、かつダイナミックに機能し始めていますね。

国旗国歌法（一九九九年）

高橋　戦後五〇年の村山談話（資料編二四二ページ参照）を経て、九〇年代後半は右派のバックラッシュが猛然と起こった時期でした。歴史教育の分野では自由主義史観研究会から「新しい歴史教科書をつくる会」へと右派勢力が拡大し、小林よしのり氏の『戦争論』がベストセラーになったりと、政治やメディアの中で日本の侵略や植民地支配の責任を否認しようとする傾向が一挙に広がりましたね。

先にも述べたように、九九年は国旗国歌法、周辺事態法、盗聴法（通信傍受法）が成立した年で、翌年は女性国際戦犯法廷が開かれて日本軍の「慰安婦」問題が民間の手で裁かれた。そしてそれを取り上げたＮＨＫの番組が安倍晋三氏らの介入により、大幅な改変がなされるという事件も起きました。

徐　国旗国歌法について話しておきたいことがあります。大前提としてどんな国のどんな国旗も国歌も私は不必要であると思っていますが、特に日本の日の丸・君が代は明治以降の対外侵略の歴史がはっきりとそこに映し出されています。多くの人が指摘している事実ですが、日独伊三国同盟の三国のうち旧来の国旗をそのまま使い続けている国は日本だけですから、そこに日本帝国からの継続性が見て取れます。戦後は国旗・国歌として正式に承認されない曖昧な形のままでした。そこにはわずかですけど、もう一度国旗・国歌を国民が選び直す、あるいは新しいものにするという可能性が残されていたわけですよね。

そういった可能性がうち捨てられて成立したのが国旗国歌法であったと思っているのですが、私がやりきれない思いになったのは、この法律の成立過程で展開された薄っぺらなレトリックのことです。一つはオリンピックを持ち出して他国の国旗・国歌に敬意を払うためには日本にも国旗・国歌が必要だという理屈ですね。しかし、日本帝国に侵略されたアジア諸国にはその痛みを持ち続けている人びとがいるわけですから、その人びとにとって侵略の象徴であった日の丸・君が代を掲げるということは友好という観点からみるとまったくの逆効果になります。

もう一つ、国旗国歌法制定のきっかけとなったのが、広島県の高校の校長が自殺した事件〈註7〉でした。日教組の抵抗と文部省の圧力の板挟みとなって自殺したと言われていますが、それが、あの校長は気の毒だったから法的にきちんと決めようという流れができてしまいました。

日本社会で個人の思想信条と国家権力がぶつかった時、国家権力が〝焼け太り〟していく傾向が常に見られます。この事件の場合、どんなに控えめにみても、校長がそういう悲劇的な自殺をした一方の責任者は国家なのに、その犠牲を国家が横領するのは間違っている。しかし大多数の国民がそれに同調しているような気がしました。

例えば、福島の原発事故の後、民主党の大臣が「死の街だった」と発言したら、道徳的に問題があるとして辞任させられました。〈註8〉つまり、真実に近い発言が極めて浅薄な美辞麗句によって押し流されて、国民もまたそれを進んで受け入れるということが昔からありますが、国旗国歌法のような根本的な問題でそのことが起きて、あれよあれよという間に決まってしまった。国会で日本政府は強制はしませんと答弁していたにもかかわらず、成立後は小・中・高の学校現場に対する圧力はもちろん強まりました。最近では文科相が卒業式で国歌斉唱を行なわない方針をとった国立大学の学長に対して、「国立大として運営費交付金が投入されている中であえてそういう表現をすることは、私の感覚からするとちょっと恥ずかしい」と発言しました。

高橋　帝国大学の時代ならいざ知らず、国立大学といえども単に国に奉仕するための存在ではなく、その使命が人類社会に普遍的な学知の探求にあることは自明ですから、税金で運営されているから国旗国歌をというのは、まさに「浅薄」な発言の典型ですね。あまりにも貧しい認識です。

徐　もう一つ、リベラル派の浅薄なレトリックについて指摘しておくと、「日の丸はデザインとしては良い」という言い方がありますね。私は日の丸が背負っている歴史を無視して、デザインだけを都合よく取り出すということはできないと思います。この「デザインとしてはいいじゃないか論」、高橋さんはどうお考えですか。

高橋　「デザインとしては良い」というなら、ナチスドイツの旗だってそう思う人はいるでしょう。ここにも日本のリベラル派の弱点が見えるように思いますね。つまり、歴史性の消去、控え目に言っても歴史性を軽視する傾向です。

日の丸も君が代も日本帝国のシンボルだったわけで、戦前も法制化はされていませんでしたが、国家神道や教育勅語のように法律以上の強い権威をもった国民統制の強力な装置でした。

それが敗戦後も変えられることなく、事実上の国旗・国歌として文部省が教育現場に導入しようとしてきた歴史があります。それに対して抵抗していた日教組が七〇年代以降どんどん弱体化したこともあり、結局は法制化に至ってしまった。日の丸・君が代が法制化されたということは、戦後日本の日本帝国との連続性をまさに目に見える形、耳に聞こえる形で示しているものだろうと思います。これはまた第一次安倍政権による教育基本法改正にもつながっていきます。

徐　冷戦構造の崩壊とともに社会党・総評グループも変質して「連合〈註9〉」となり、日教組もその傘下に入って運動方針としての「国家主義に対する抵抗」を放棄してしまいました。しかし、いま、高橋さんが言われた国家主義の連続性を支持するとまでは言いたくないから、だからあれはデザインとして良いんだみたいな苦しいレトリックで言いつくろって自らを慰めるというようなことが、日本のリベラル派の中で習慣化してしまったのではないか。

　さらに言うと、まだ教育現場では抵抗しようという動きがありますが、それは生徒が望まないことを強制すべきでないというのが主な論理なんですね。学校現場の表現の自由、思想の自由――それ自体は正しいのですが、先ほどから述べている日の丸・君が代が背負っている歴史を前面に打ち出した抵抗というものをほとんどやってない。要するに思想・信条・表現の自由という普遍主義にいわば引きこもっている。それ自体が形式化しているわけですよ。だから生徒に教える時も「君たちには選ぶ自由がある」とは言えるけど、これはどういう歴史をもっているものかっていう話ができないのです。例えば、閣僚の記者会見の場に国旗を出すか、出さないかということで記者たちがしばらく抵抗しましたが、結局は押し切られて今はあたりまえになってしまった。国旗っていうものに敬意をはらうということが日常化されている空間の中で、いま言ったような歴史性をたえず問題にするのはとても難しいわけで、それに抵抗すると、排除されるリスク、あるいは変わり者という評価を甘受する覚悟が求められます。

女性国際戦犯法廷／ＮＨＫ番組改変事件（二〇〇〇～〇一年）

徐　私自身は女性国際戦犯法廷に直接かかわりませんでしたが、高橋さんはアドバイザーというか、哲学、倫理学の側面からその法廷の論理を整理するという役割を果たされたと記憶しています。あの運動とどのような関係にあったのでしょうか。

高橋　私自身は、女性国際戦犯法廷の運動の中にいたわけではありません。なにしろ「性奴隷制」を問う女性たちの運動であるというところに意義があったわけですし、私は日本人男性として外部にいるべき立場だと思いました。西洋の近現代思想を専門とする一人の研究者として、また日本の近現代史に対する反省的な認識をもつ研究者として、むしろ一定の距離を置きながらその思想的な意味を吟味して語ることで参考にしてもらえればよいと考えたのです。ただ実際は、私のような研究者で女性国際戦犯法廷というプロジェクトを支持する、肯定的に評価するという人は稀だったので、結果的には目立ったかもしれませんね。

徐　最初は女性国際戦犯法廷の主催者の方から働きかけがあったのですか。

高橋　きっかけは、ＮＨＫのＥＴＶだったと思います。先ほど話のあった映画『ショア』の上映運動でランズマン監督を日本に呼んだ時に、ＥＴＶが私とランズマン氏との対談番組を作ってくれたのです。それが縁で、その後ＥＴＶで「慰安婦」問題を取り上げた時にも出演し、発言する機会がありました。そこから松井やより氏や西野瑠美子氏たちの目にとまったのではないでしょうか。

徐　『ショア』と「慰安婦」問題をつなげた文脈の中で倫理学や哲学の専門家として発言をする人というのが正直言ってほとんどいなかったわけですよね。加えて、高橋さんのように自分自身が中心部日本国民でありつつ、いわば自己省察的にそれを批判した人もいませんでした。

高橋　「慰安婦」問題では、吉見義明氏のような歴史家が重要な役割を果たしました。しかし、歴史的事実の認定だけでなく、歴史観や責任の問題等をめぐって踏み込んだ判断をしなければならないとなった時に、私のように哲学や思想の分野から議論に参加していくことが歓迎された側面はありました。

徐　私の記憶では、高橋さんがしてくれた議論の整理が、女性国際戦犯法廷を担った人たちの中の一部にはとても役に立った。特に「判断」、ジャッジメントという概念の重要性について、ハンナ・アーレントの議論を参考にしながら、責任というものを明確化していくためにどうしても重要だという線をぴしっと入れたんですよね。そんなジャッジメントはできやしないとか、ジャッジメントしたって意味ないとかいう相対化と、他方ではナショナリスティックな居直りとが、共犯関係を生むような雰囲気の中で、いやジャッジメントは必要なんだ、応答責任のためにそれが必要なんだということを、学問的裏付けのある形できちんと言われた。このジャッジメントという概念の重要性について、若干の説明をしていただけませんか。

高橋　一九四五年の日本敗戦で、それまでの帝国の歴史について、どう責任をとるのかの判断（ジャッジメント）が問われたわけです。いわゆる「戦争責任」の問題ですが、これが曖昧なまま問われずに、戦後五〇年が過ぎる頃、戦後世代にとっての「戦争責任」とはどういうものか、これを「戦後責任」という形で問い直すべき状況が生じました。私はこの戦後責任論を自分なりに展開する中で、明治以来の帝国の歴史、つまり一九四五年に終わったのは戦争だけではなくて帝国が終わったのだと考えました。それは言いかえれば、帝国日本の植民地主義の歴史全体が問われているという認識なのですが、「戦争責任」「戦後責任」「植民地支配責任」、いずれにしても一九四五年に終わった日本帝国の体制に対する責任を不問に付してきたということ、「中心部日本国民」がそれについて判断（ジャッジメント）を避けてきたことに根本的な問題がある、と考えたのです。

そのことが、日本社会のいたるところにゆがみや不徹底を生み出してきたと見ています。戦後日本の根本問題は過去の歴史のあやまちについて直視し、自らきちんと判断（ジャッジメント）できないところにあるんじゃないかと。それをしないできた国家の指導層の問題は大きいですが、国民自体もそれを避けてきた。そして知識人について言えば、特に八〇年代になると、「世の中そんな単純に善悪二元論で割り切れるものではない」といった論調が広がりました。

徐 「過剰な倫理主義は暴力につながる」とかね。

高橋 責任について判断すること自体を「倫理主義」だと言って非難する。一方的な糾弾や暴力的な裁断になってはいけないことは当然ですし、一旦なされた判断も異論にさらされ絶えず問い直されるべきことも当然で、これらを大前提とした上での話であるのに、責任を問うこと自体を「暴力」として忌避するわけです。なるほどそうすれば、責任について判断する責任の重荷を感じなくて済みますから気が楽でしょう。しかし私は、このことが日本の場合、戦争責任や植民地支配責任を不問に付してきた〈ジャッジメントの不在〉という現実をあらためて正当化するというか、現状を変えることができない大きな要因になっていたのではないかと思います。そういう中で、私は先に進むためにも、そして眼前の被害者が謝罪と補償を求めて問いかけている中で、過去の歴史についてのジャッジメントをなしで済ますことはもはや許されないのではないかと。そのことをあえて言わなければならないと考えて発言したのです。

念のために言えば、私は哲学ではジャック・デリダの影響を受けていますが、今の議論がデリダの思想と矛盾するとは思っていません。デリダの「脱構築」は「ポストモダン思想」の一種とみなされて、全ての判断を相対化するから「ジャッジメント」の不可能性に行き着くはずだと思われている面があるのですけれども、私はそうではないと考えています。それは九〇年代以降のデリダの思想をフォローすれば、はっきりと論証できます。

徐　門外漢としてお聞きしますけど、そのデリダの議論が相対化のツールとして読めるのか否かという論争は、学問的領域の中では決着したのか、あるいは継続中なのでしょうか。

高橋　それは論争の常として、決着したわけではないですね。ただ、私は少なくとも九〇年代のデリダの思想は、全面的相対化の議論としてはとうてい受け取ることはできないと思っています。あらゆる「法」は脱構築可能だけれど、「法」の脱構築を引き起こすのは「法」とは別の「正義」(justice）があるからで、その「正義」そのものは脱構築不可能だと。そして全ての決定（décision）は「決定不可能なものにとりつかれている」けれども、「決定することだけが正しい（juste)」のであり、「決定しないことを正当化することは決してできない」と言うわけですから（詳しくは、五三ページ〈註3〉の高橋の著作を参照)。

徐　いったん、話を女性国際戦犯法廷に戻しますが、私は、この大きな達成は日本社会のぶつかっている壁、陥っている迷路から国際的な連帯を通じて抜け出していく契機になるかもしれないと思っていました。

高橋　女性国際戦犯法廷は、それまで積み重ねられてきた日本軍「慰安婦」問題に関する研究や運動の集大成として、「慰安婦」制度を作った日本帝国の責任を国際法に照らして、市民のレベルで法廷を構成して認定しようとした画期的な出来事でした。

当時主催した人たちが強調していたのは、加害国である日本の市民と韓国など被害国の市民が共同で「慰安婦」被害者たちへの謝罪や補償などを確立するために、日本国家の責任を認定するということでした。個人責任を問われるほとんどの加害者がすでに鬼籍に入っていたわけですから、そんなことをして何の意味があるのかという批判もありました。しかしだからといって、それを忘却に委ねてしまえば同じ過ちを繰り返すことにもなる。きちんと責任を認定することは「慰安婦」被害者の要求に応えることにもなり、必要だというのが主催者側の論理で、法廷では「慰安所」制度は日本軍の戦争犯罪であることが認定され、植民地支配という構造の中で起こったものだということも認定されました。

そしてもっとも注目されたのが天皇の責任を認定したことです。日本軍が「慰安所」を構想し、設営し、運営管理したことは明らかになっていたので、その最高指揮官としての天皇がこれを止められなかった、あるいは容認した。実際にどういうかかわりをもったかは不明だとしても、最高指揮官としての責任は免れないという判断が示されました。

私自身は、「慰安婦」制度を作った日本軍の責任を認定し責任者の責任を裁くことがどういう意味を持つのかについて、雑誌『世界』などに文章を書いて自分なりの考えを提起しました。〈註10〉

女性国際戦犯法廷は主催者の方々の大変な努力によって成功裏に終わったのですが、九〇年代後半に台頭した右派勢力の格好の攻撃対象になりました。これがＮＨＫ番組改変事件につながります。

二〇〇一年一月三〇日、ＮＨＫ・ＥＴＶ特集のシリーズ「戦争をどう裁くか」（全四回）の第二回「問われる戦時性暴力」が放送され、女性国際戦犯法廷が取り上げられました。私は企画の段階から相談を受けていたのですが、同シリーズの企画の方針は「慰安婦」制度だけを問題にするのではなく、「戦争を裁く」ということを普遍的な問題として考えようというものでした。一回目の「人道に対する罪」は、ヨーロッパにおける戦争犯罪人の処罰がどのように行なわれてきたかを、ドイツ・フランスの事例を中心に扱いました。二回目が女性国際戦犯法廷。三回目が「いまも続く戦時性暴力」と題して、現在の戦時下で行なわれている性暴力について。四回目の「和解は可能か」は、南アフリカのアパルトヘイト下で行なわれた人権侵害を処理した真実和解委員会（ＴＲＣ）を取り上げました。

ＮＨＫとしても慎重に制作を進めていましたが、事前に放送内容が漏れてしまい、右翼の街宣車がＮＨＫに押し寄せる事態になった。それだけならＮＨＫは抵抗できたかもしれませんが、放送総局長ら幹部が当時小泉内閣の官房副長官だった安倍晋三氏と面談に行く。そこで「中立的にやれ」と言われて震え上がったＮＨＫの上層部が制作現場に介入して、最後は見るも無惨な形になって放送されたという事件でした。

放送直後から、女性国際戦犯法廷の主催者側は自分たちが受けた取材の趣旨と違うと抗議しましたが、その時点ではなかなか真相究明はできませんでした。その後しばらくして、朝日新聞が安倍氏と中川昭一氏がかかわっていたことを報じて大問題になります。ＮＨＫの方は自分たちには何も問題はなかった——つまり、政治家の圧力は受けなかったと言わざるを得ないわけですから、結果として、圧力をかけたと疑われている安倍氏や中川氏と利害を共有する構図になります。これでＮＨＫは安倍氏に大きな借りを作ってしまったわけです。政治家・ＮＨＫ連合と対立した朝日新聞の方も最後まで攻めきれず矛を収めてしまいました。そこで、主催者団体がＮＨＫを訴えるという形の裁判になり、ＮＨＫの勝訴で終わりました。この事件は、国家権力とメディアの関係に深刻な負の影響を与えたと思いますし、新聞も含めてメディア全体が萎縮していく大きな曲がり角になったと言えます。

徐さんは女性国際戦犯法廷についてどのように評価されますか。

徐　端的に言うと、公然と天皇の戦争責任を問うたこと自体、これ以前の事例を私はあまり思いつかないんですね。戦時性暴力だけではなく、植民地宗主国による性暴力という倫理的に見て明々白々な犯罪行為を、全世界的な女性を中心とするネットワークが問題化したということでもあるし、日本における戦後責任を問う運動がそれまで踏み込むことができなかった領域——昭和天皇の戦争責任を認定する結論にまで到達した事実は、歴史に残る大きな達成だったと思います。

そこで高橋さんにお尋ねしたいのは、日本のいわゆるリベラル派の中から、天皇有罪論まで踏み込むべきではないとか、運動の有効性をめぐる議論とか、あるいは和解論的な主張はあったのでしょうか。

高橋　リベラル派でもっとも一般的だったのは、予想通り、表立って何も言わないという態度でしたね。ただ内輪では、天皇まで問題にするのは逆効果だとか、反発を招くだけだというようなことが公然と言われていましたし、運動関係者の中でも、そもそも天皇有罪以前に「責任者処罰」という被害者の要求自体がハードルが高すぎるというような否定的な反応がかなりありました。それに対して私自身は、裁くといっても民間法廷ですから実際の処罰を行なうことはできないわけで、誰がどのような犯罪について、どの程度の責任を負っているのかを、私たちが自分自身の判断力でもって認定することがもっとも重要なことだと主張しました。

徐　まさにジャッジメントですね。

高橋　ええ、ジャッジメントが重要なんです。ジャッジメントを避けていることが戦後日本の曖昧さであり、この法廷にはその限界を突破する意味があるんじゃないかということを強調しました。しかしリベラル派の中でもなかなか支持は広がらなかったと思いますね。「あれを支持するのは過激派だ」みたいに思っていたんじゃないでしょうか。

徐　今回の対談の一貫するテーマでもありますが、原則論的な次元と運動論とか有効性の議論の次元が、いつも意図的に混同されて原則論的な話に対してそれは有効ではないとか、逆効果だとかっていう反応が出てくることは問題ですね。

このジャッジメントを考える上で、さきほど出た南アフリカの真実和解委員会について少しだけ触れておきますと、九〇年代半ばに南アフリカのアパルトヘイト体制が打倒されて、核兵器を保有していたデクラーク政権が核を放棄しました。歴史的に見ると、比較的少ない流血、暴力の結果、一国の体制が覆ったわけで、このことは全世界的に承認されたはずだし、第三世界の人びとにとってはまれに見る明るい光だった。

その後、真実和解委員会が設置され、より少ないコストと犠牲の上で正義を具現していくために処罰と真実を引き換えにするという方針が取られました。もちろんそれだけで解決がつかず、納得しない人も多いけれども、これが韓国では過去の清算をしていく時の一種のモデルになったり、南アメリカの独裁政権の暴力に対する追及の時のモデルにもなりました。

ところが、この真実和解委員会の方針について、「処罰をしても真実には到達できない」とか「正義は実現できない」という側面だけを取り出して強調するようなレトリックとして歪曲された面があると思います。このレトリックは特に旧宗主国のマジョリティーが被抑圧者に対して和解を強調する構図の中で現れています。

それが出てきたのが、二〇〇一年八月に国連が開催した第三回反人種主義・差別反対世界会議

（ダーバン会議）だと思います。ダーバン会議では旧植民地被支配諸民族が集まって植民地支配は人道に対する罪であるとか、奴隷貿易に対する罪ということを議論した時に道義的なレベルを超えて、法的なレベルまで追及しようとする動きに対して、旧植民地宗主国は頑強に抵抗した。つまり、そういう歴史の見直しみたいなことをやると切りがないとか、道義的には責任はあるけれども法的には責任は取れないなどと主張したのです。

そしてその直後に9・11同時多発テロが起きた。もちろん両者の間には直接的な因果関係はありませんが、そこに、長い間の不合理、理不尽な支配の結果生じた深い亀裂が見えるのです。このような見方をすれば、実際にテロ行為を実行した人たちだけではなく、植民地宗主国の側の責任は重いと私は思っていて、もしダーバン会議が被支配諸民族の要求に応えていたら、仮に9・11のようなことが起きても、さらに対話を続けていこうという機運が残っていたんじゃないでしょうか。

高橋　たしかにそうですね。イスラエルとパレスチナの紛争、アフガニスタンとイラク、現在のシリアなど、「対テロ戦争」も含めてその後の混迷状態に至る流れを考える上で、真実和解委員会とダーバン会議を起点に考えるという視点はとても貴重だと思います。

徐　繰り返しますが、私は、長い間の反植民地闘争とか人種差別反対闘争の結果、アパルトヘイト打倒という目標が達成された瞬間から、その良き普遍的価値観を継承する方向と、歪曲して簒奪する方向との闘争が起こったというふうに見ています。ダーバン会議を経験した旧植民地宗主国の方が、植民地支配責任について道義的責任を認める線までは後退しても、法的責任の否定という線は絶対に死守するという方針を貫徹するようになった。そのことは戦争責任・植民地支配責任を問われた時の日本政府の立場を見ればはっきりとわかると思います。

もう一つ事例を付け加えて言うと、ナミビアとドイツです。一八八四年から八五年に開かれた「ベルリン会議」で、ヨーロッパの強大国はアフリカを分割し、分け合いました。ドイツ領南西アフリカ（現在のナミビア）には一九世紀後半、ドイツの宣教師と商人に続いて軍隊が派遣され、南西アフリカはドイツの植民地であると宣言されました。一九〇四年一月、抵抗して蜂起した先住民ヘレロ族とナマクア族は、不毛の砂漠に追い込まれて飢えや渇きのため命を奪われました。ヘレロ族は全人口の八〇パーセントにあたる約六万人、ナマクア族は全人口の五〇パーセントにあたる一万人が虐殺されたということです。この、ヘレロ・ナマクア虐殺（Herero and Namaqua Genocide）は二〇世紀最初の大量虐殺事件として知られています。

ナミビア側は二〇一七年に補償を求めて裁判にも訴えたのですが、結局は敗訴しました。訴えられたドイツのシュレーダー政権はくり返しナミビアを訪れて非常に丁寧に謝罪をし、相当な額の補償をしましたが最後まで法的責任は認めなかった。実際のところはどうなのかはよくわかりませんが、今のところ両国の関係は比較的良好のようです。やはり、ドイツ政府高官がナミビアをくり返し訪れ、丁寧な謝罪を行なったからではないかと思います。

高橋　ドイツを見ていると、ナチスの犯罪については時効を廃止してまでも法的に裁くという方針が貫徹していて、いまでもナチスの不法行為を相対化する議論はドイツ社会では支持が得られない。つまり、自国の犯罪を自ら裁くということを国民国家の歴史の中で初めて行なったドイツだからこそ、ナミビアの問題に対しても丁寧な謝罪・補償ができたのでしょう。植民地支配責任についても、イギリスやフランスの方が逃げ腰で、ドイツの方が先に行くかもしれませんね。ただし、問題は法的責任を認めるかどうか……。

徐　もう一度、女性国際戦犯法廷に戻しますと、ドイツが自らの手でナチスを裁いたようなことを戦後日本は五〇年経ってもできなかった。それを日本の市民が、しかも女性が中心になってやったことは、日本の歴史においてきわめて画期的だったと思うのです。具体的な刑罰を科すことはできない仕組みなんだけれど、あそこで天皇に有罪をジャッジメントした、日本の歴史の中で例外的な一歩であったという感じがしていて、おそらくその後に起こった集中的な攻撃、無視、黙殺の対象になっている理由もそれだろうと、私は推察しています。高橋さんは女性国際戦犯法廷の成果と課題、意義について、現在の時点からどのように見ておられますか。

高橋　私は今でも、日本の戦後史の中では稀有な出来事、市民運動としては画期的な出来事だったと評価しています。ただ、残念ながらあまりにも日本の中での逆流が強く、ＮＨＫの番組に対して圧力をかけたとされる安倍晋三氏などが政治的な権力の階段を上っていって、今や二度目の政権、戦後最長になるかもしれないという政権を握っています。そして、二〇一五年一二月の日韓合意のように「慰安婦」問題が「最終的かつ不可逆的に」解決されたなどということを韓国側に飲ませる形になってしまった。女性国際戦犯法廷が達成した成果が日本の有権者に影響を与え政治に反映されるといったことが起こせなかった――そういう苦い思いの方が強いですね。

徐　そうなった原因について、ひと言で言えば「地金」なんでしょうけれど、特に女性国際戦犯法廷に限って言えば、日本の知識人たちはどういう反応をしたんでしょうか。

高橋　さきほども述べたように、慎重に遠くから観察して沈黙していたのが大半で、はっきりと自分の立場を出す人はほとんどいませんでした。女性国際戦犯法廷を支持することが日本社会の中でどういう意味を持つのかについて、ある種直感的にわかっていたのでしょう。

徐　この問題で最後にどうしても高橋さんに訊いておきたいことがあるのですが、当時、韓国代表の尹貞玉《ユンジョンオク》氏の姿勢が民族主義的で日本の女性たちとの間で対立、亀裂があったということが言われていました。実際にどんなやり取りがあったのかはわかりませんが、私はそれがあって当然だと思っています。同じ女性といえども植民地宗主国の女性と被害国の女性が顔を合わせるのだから、はじめから全部うまく調和するわけがないですよね。そういう対話がそこから始まるはずのものが、朴裕河《パクユハ》氏や上野千鶴子氏は韓国の挺対協をはじめとする運動側の過度に民族主義的な偏向というふうに批判しています。そういうものが運動の連帯を阻害しているというような言説の出発点になっている。この点について、高橋さんはどうお考えですか。

高橋　詳しい事情はわかりませんが、西野瑠美子氏や松井やより氏から聞いたことはあります。私が聞いた限りでは、そういうことはあったと。日本側では植民地支配の責任を意識しつつ運動を進めてきたつもりなんだけれども、尹貞玉氏からはそういう視点が足りないのではないかと言われたと。そのことで松井氏はショックを受けていましたが、しかしそれによって亀裂が生じたとか、対立が生じたという理解ではなくて、お互いにそういうズレがあることを意識し、それをどう克服していくのかという課題を抱えながらも共同作業を辛抱強く続けていった成果として、女性国際戦犯法廷がああいう形で成功したのだと思います。運動の現場では難しい問題ではあるでしょうから、その後に議論が継承されるのは当然のことではないでしょうか。

徐　その議論は継承されなければいけないし、学問的・運動的なレベルでも深めなければならない対立点です。私と高橋さんの間であっても全然不思議なことではありません。ところが、朴裕河氏の『和解のために』（佐藤久訳、平凡社、二〇〇六年）の巻末に、上野氏が「あえて火中の栗を拾う」という文章を寄せていて、それを読むと、女性国際戦犯法廷の時の韓国代表団の民族主義的な態度に対して日本側は大変ショックを受けていたけれど、それを口に出せなかった人びとの代わりに朴裕河氏はあえて言ってくれたと書いています。その物言いはフェアじゃないですよね。

松井氏は亡くなったけど、そういう人じゃないと思いますよ。挺対協側の発言に対して違和感を感じたりしたかもしれないけど、彼女は長い間運動をやってきて、いろんな他者と出会ってきた人だから、そういう困難は承知の上でしょう。私はせっかく提起された問題がむしろ矮小化され、単純化されてしまったという印象を持っています。

教育基本法改正（二〇〇六年）

徐　安倍第一次政権が行なった教育基本法改正について議論してみたいと思います。教育は、日本帝国においてはもちろんですが、敗戦後も長い間、国家権力が干渉と抑圧を強めてきた分野で、保守勢力の悲願ともいえる教育基本法改正が安倍政権下で行なわれました。高橋さんはこれに反対する行動に立ち上がられたわけですけど、その当時の状況について話していただけますか。

高橋　一九九九年の国旗国歌法成立と二〇〇一年の小泉首相の靖国神社参拝を踏まえて、私は〇三年に『「心」と戦争』（晶文社）、〇四年に『教育と国家』（講談社）、〇五年に『靖国問題』（ちくま新書）を書きました。この〈「心」と戦争〉という表題の中に私の問題意識は表現されています。〇二年には文科省が道徳の副教材として『心のノート』を全国の小・中学校に配布したこともありました。そのようにして子どもたちの意識をある一定方向に、つまり国の望む方向にもっていこうとしているのではないかという危惧が生じたのです。

旧日本帝国では国民精神を作り上げる二つの柱として「教育勅語」と「靖国神社」がありました。敗戦後は教育勅語が教育基本法に変わりました。ご存じのように旧教育基本法は日本国憲法と一体のものとして作られました。憲法第一三条「すべて国民は､個人として尊重される。生命、自由及び幸福追求に対する国民の権利については、公共の福祉に反しない限り、立法その他の国政の上で、最大の尊重を必要とする」は、国家のために個人があるのではなく、個人のために国家があるとしていて、それに対応する形で教育基本法の根本原理になったのが「個人の尊重」でした。

日本人拉致問題で保守勢力のホープとして台頭した安倍晋三氏にとって、連合国軍占領下で作られた日本国憲法とそれを支える教育の原理を定めた教育基本法の二つが戦後レジームの象徴です。そこで第一次政権では、憲法改正の前にまず教育基本法から手を付けて改正しようとした。もう一度「戦争ができる国」にするためには、自らの命を国家に捧げることを国民の模範として顕彰する靖国神社の復活と並行して、国家を支える国民の心を作っていくための準備が必要になってくる。その軸となるのが教育基本法の改正でした。

当時、私は危機意識を共有した市民の運動に参加しました。教員組合に入っている人も個人として参加したり、弁護士や若者も入ってきてですね、いい感じの運動体が作られて、私は呼びかけ人として活動しました。しかし、教育の問題はけっこう地味なので、メディアも大きくは取り上げない。その上、連合傘下の日教組は文科省との協調路線を取っていたので、なかなか強力な反対の運動を作ることはできませんでした。結局、教育基本法は「愛国心」教育を可能にしたり、新自由主義的学校経営を可能にするような方向で改正されてしまい、同時に関連する法律も改正されて、教育現場に対する締め付けがますます厳しくなって今に至ります。

徐 私自身は在日朝鮮人であるという自分の立場もあり、直接的にその運動に関与しないで距離を置いてみていたのですが、高橋さんたちが教育基本法改正に反対する運動の末期の方で大変ご苦労されたという印象は持っていました。ここで念を押しておきたいことは、五〇～六〇年代は日教組やそれにつながる教育研究団体が日本のリベラル左派運動の大きな柱の一つでした。それが冷戦終結以後、社会党・総評グループという基盤が崩れてしまうと、教育の理念そのものも守ることができなくなってしまいました。例えば日の丸・君が代についても、理念として教育しなければ教育として成り立たないわけですが、自らの利害に直結する労働組合が切り崩されると理念を語らなくなってしまう。これが現在のシニカルな社会的風土が形成される転換点になったのではないか。そうなると、子どもたちは理念よりも利害で動く、たとえ理念を語ってもそれは単なる美辞麗句に過ぎないという直感を身体化してしまっているように思います。

繰り返しになりますが、理念を語っていたはずの人たちがもろくも理念を捨て去っていく時、自分は弱かったという痛みの伴う自己否定ならともかく、これしかないんだとか、これが現実主義だとか、こだわる奴の方が愚かだというような形で自己正当化していくところに、今回の対談のテーマの一つである、日本リベラル派の持つ問題点があると、私は見ています。

靖国問題——感情の錬金術

徐　次に靖国問題について、話していただけますか。

高橋　先に述べたとおり、靖国神社は旧日本帝国の国民精神を作り上げる装置の一つでした。敗戦後、靖国神社は国家の施設ではなくなり、東京都認可の宗教法人の一つとなります。そこに天皇や歴代の首相も参拝していましたが、ほとんど問題視されませんでした。ところが、一九六九年に、自民党が靖国神社国家護持法案を提出した時、当時はまだ強かった労働組合、革新政党、宗教団体などが反対に立ち上がって、廃案に追い込みます。その後も何度か自民党は法案を提出しましたが、成立しませんでした。

次に問題になったのは、一九八五年の中曽根康弘首相の参拝でした。中曽根政権は安倍首相の「戦後レジームからの脱却」につながる「戦後政治の総決算」を掲げた最初の本格的なタカ派政権で、この参拝の時から中国の抗議が始まりました。
そして、靖国神社をめぐって事態が大きく動いたのが、小泉首相の参拝の時でした。彼は二〇〇一年から〇六年に退陣するまで毎年一回、参拝を繰り返しました。当然、中国、韓国など近隣諸国から厳しい批判を受けて、特に日韓・日中関係が麻痺しました。私は、小泉氏は安倍首相とは違って、いわゆる復古的な右派政治家ではなく新自由主義の政治家だと見ていますが、〝信念の政治家〟小泉純一郎が中国・韓国からの抗議にも負けずに断固信念を貫いて参拝を止めなかったというイメージが出来上がり、それが国民から喝采を受けた。そのことに気がついて、退陣の年まで毎年参拝を繰り返したと見ています。この小泉参拝を転換点として、これ以降、靖国神社が日本の一般市民の中に広がったナショナリズムのシンボルのような形になった。

徐　つまり、小泉参拝が新しい靖国問題をつくり出したと？

高橋　そう思いますね。そしてそれは、二〇〇一年の米国同時多発テロ事件の後、小泉政権が特措法を作ってアフガン戦争・イラク戦争に自衛隊を派遣したことと軌を一にしていました。小泉首相は自衛隊を海外派遣するにあたって「国民精神」という言葉を使いました。自衛隊を送りだす以上、それを支える「国民精神」がなければならないと考えたのだろうと思います。靖国神社参拝はまさにその「国民精神」を作り出す行為であるわけです。

徐　国家による無宗教の追悼施設についてはどう考えていますか？

高橋　小泉政権の時に福田康夫官房長官のもとで無宗教の国立追悼施設を作ろうという案が出てきましたが、今の安倍政権下では国会議員の中で靖国派があまりにも強すぎて、たなざらしなっています。拙著（『靖国問題』ちくま新書、二〇〇五年）ではこの施設の案を分析して、「第二の靖国神社」になる可能性がきわめて高いと結論づけました。ただし、国の予算で追悼施設を作り、顕彰ではなく追悼の式を行ない、二度と戦争をしないと誓うための場所にするというのであれば、一概に反対はしません。死者の追悼はあくまでも個人の内面の問題だから、国は一切かかわるべきではなく、各人の内面にとどめるべきだという考えは、宗教者の中でももっともラディカルな人びとの中に強いので、そういう人たちからみると私の考えは甘いのかもしれませんが、あくまでも顕彰ではなく追悼の施設であって、二度と非業の死を出さないために不戦を誓う施設であるならば、集団的な追悼自体は必ずしも否定する必要がないと私は思うのです。重要なのは〝箱〟ではなくて政治の方向性であり、主権者の意識の在り方ではないかというのが私の基本的な認識なんですね。

例えば、沖縄にある「平和の礎《いしじ》」。あれは無宗教で国籍などに関係なく名前を刻む、そして誰もがあそこへ行ってまったく自由な形で哀悼することができる施設です。開かれた施設として優れたものだと思いますが、以前、沖縄でサミットが行なわれた際、「平和の礎」の場所で、日本国首相が米国大統領を前にして、沖縄は日米安保体制に大きな貢献をしているとスピーチしました。そうすると、沖縄戦の死者の「尊い犠牲」の上に沖縄の米軍基地、自衛隊基地があり、それが今も東アジアの平和に貢献しているという物語の中に「平和の礎」ですら組み込まれてしまうことになります。ですので、私の結論は「施設は施設に過ぎない」ということなんです。

徐　いまの結論部分、私も同感です。追悼の主体は国家ではなく、あくまで当事者でなければならないということですね。それが可能になるのは、原理的には、国民国家という輪郭が溶解していって国家間戦争というものがなくなった時に、それでも紛争で人が死んだりするでしょうけど、国家は後景に引き下がってあくまで施設を提供する予算を付けるだけ、あるいはそこで被害者に謝罪する、自らの罪を悔いるという場所になれば、高橋さんの言われるような追悼施設になると思います。

しかし、果たして、国家によって強いられた犠牲という問題を個人として受け止められるでしょうか。国家とか宗教とかによって癒されなければ耐えられないし、そういうものの誘惑というか引力に抗しきれないかもしれないという根源的な問題があります。例えば、福島の原発事故の後でも、事故の徹底捜査とか真相究明とか責任者追及という方法ではなくて、癒しとか絆とか国家の支援とかいう方に心情が傾いてしまう。傾いてしまう人たちを批判することはとても難しいけれど、そういうことがずっと反復されてきていますね。

高橋　国家が補償するのは当然で、補償しなければいけないと思うのですが、国家がそれを功績として再び収奪してしまうのが靖国神社なのです。

【註】

〈1〉麻生太郎副総理兼財務大臣（当時）が二〇一三年七月の講演で、今後の改憲の手順について、「ナチスの手口に学んだらどうかね」と発言した。

〈2〉安倍晋三首相は二〇一三年九月、ブエノスアイレスで行なわれたＩＯＣ総会での東京オリンピック招致演説において、「フクシマについて、お案じの向きには、私から保証をいたします。状況は、統御されています。英語では「アンダーコントロール」と発言した。

〈3〉ジャック・デリダ（一九三〇―二〇〇四年）、フランスの哲学者。フランス領アルジェリア出身のユダヤ系フランス人の家庭の出身。ポスト構造主義の代表的思想家として知られる。デリダに関する高橋哲哉の著作は、『デリダ―脱構築』（講談社、二〇〇三年）、その増補版である『デリダ―脱構築と正義』（講談社学術文庫、二〇一五年）がある。

〈4〉『ショア』（Shoah、一九八五年、フランス映画）、クロード・ランズマン監督。ナチスによるユダヤ人虐殺の証言を集めた大作。日本では一九九五年、高橋哲哉らが上映実行委員となって東京日仏学院で公開された。

〈5〉在日の元「慰安婦」宋神道さんについて語りつつ、歴史修正主義的言説への批判を試みたエッセー。初出『ナショナル・ヒストリーを超えて』（東京大学出版会、一九九八年）、のちに徐京植『半難民の位置から』（影書房、二〇〇二年）、同『日本リベラル派の頽落』（高文研、二〇一七年）。

〈6〉徐京植「「日本人としての責任」をめぐって」（『ナショナリズムと「慰安婦」問題』青木書店、一九九八年）。のちに徐京植『半難民の位置から』（影書房、二〇〇二年）、同『日本リベラル派の頽落』（高文研、二〇一七年）。

〈7〉広島県立世羅高校の校長が、一九九九年二月二八日に自殺した。この事件を契機に「このような悲劇を招かないために国旗・国歌について法に定めるべき」との主張が強められ、同年八月、国旗国歌法は成立した。

〈8〉二〇一一年九月九日、民主党政権（当時）の鉢呂吉雄経済産業相が会見で、前日視察した福島第一原発について「残念ながら周辺市町村の市街地は人っ子一人いない「死の街」だった」と発言したところ激しい非難を浴び、翌一〇日に辞職した。

〈9〉総評＝「日本労働組合総評議会」の略称。一九五〇年に結成された労働組合の全国的中央組織。一九八九年、「連合（「日本労働組合総連合会」の略称）」の発足により解散。

〈10〉「歴史と裁き―女性国際戦犯法廷をめぐって」（『世界』二〇〇〇年一二月号）、「「女性国際戦犯法廷」が裁いたもの」（ノーマ・フィールド〈シカゴ大学〉との対談、『世界』二〇〇一年三月号）、「何が直前に消されたか―ＮＨＫ「問われる戦時性暴力」改変を考える」（『世界』二〇〇一年五月号）

II

日本の「地金」

昭和天皇の死（一九八九年）

高橋　今度は徐さん自身の個人史を踏まえて、この二〇年くらいを振り返っていただければと思います。徐さんの場合、どのあたりに起点を置いておられますか。

徐　私は一九八〇年代、兄たちの救援運動〈註1〉で世界各地の人権団体を訪ねたりしていました。その当時はこんなことをしていても兄たちが釈放されることはないだろうなと思っていて、希望はほとんど持っていませんでした。その中の一つのエピソードをお話ししますと、カナダのサドベリーというところにあるアムネスティ・インターナショナルの小さなグループを訪ねたことがあります。トロントからバスで六時間、土砂降りの中、農道の停留所で降りると一人の女性が迎えに来てくれていて、彼女の家に泊めてもらいました。そのグループでは担当を決めて、獄中政治犯たちに手紙を送る活動をしていました。そこへ行って、兄たちの置かれている状況について話をしました。

彼らの活動が兄たちの釈放にはほとんど影響はなかったと思います。実際、兄たちにはそういう手紙は全く届いていなかったそうです。しかし、拘束している側からすると、世界が見ているぞということが伝われば、極度に乱暴なことはできないんじゃないだろうかと私たちは思っていました。

　その家の息子のガールフレンドだという若い女性がいたのですが、彼女はチリの亡命者の娘でした。チリのピノチェト政権、韓国の朴正熙《パクチョンヒ》政権、フィリピンのマルコス政権の独裁が猛威をふるっていた時代です。チリのクーデターの結果、全世界に散らばった亡命者をカナダは多数受け入れていて、そういう中で成長した女の子がいたわけです。私はその時、世界の人びとはこういうふうに生きているのだ、ということを実感したのを覚えています。

　この救援活動で世界をまわったことが、私の視野を広げてくれました。兄たちが釈放された後も、日本社会に向かって発信していく時の原点みたいなものを得ることができました。その後、八〇年代にヨーロッパで美術を見て回った時のことを『私の西洋美術巡礼』（みすず書房、一九九一年）という本にまとめたのですが、それは出版社が決まっているわけでもなくて、藤田省三〈註2〉先生がみすず書房に仲介してくれて、出すことができました。幸い今でも版を重ねていますが、私にとってうれしいことは韓国でも翻訳されて、日本よりも多くの読者を得ることができて、ものを書く人間というアイデンティティが定まりました。

　話を戻して、私が考える「起点」について述べると、高橋さんの話に九九年問題が出てきましたが、そこから一〇年さかのぼって一九八九年が大きな節目だと思っているんですね。それは昭和天皇が死去した年であり、ベルリンの壁もその年の一一月に崩れました。その前年には七〇年代の初めから獄中にあった私のきょうだい（徐俊植）が釈放されました。世界的には冷戦構造の崩壊、直接的には韓国において多大な犠牲を払った民主化闘争が勝利の日を迎えたわけで、私自身は獄中生活をしなかったけれども、さまざまな意味でその〝拘束〟から解放されて、私の人生にも大きな転機が訪れた時期でした。

それまでの私は韓国の人権問題や政治犯問題について細々と発言したり、世界各地の人権団体を訪ねたりしていました。しかし、この時初めて自分から月刊誌『世界』（岩波書店）に書かせてほしいとお願いしました。なぜそこまでしたかというと、昭和天皇の死というのは内向きの出来事ではないはずなんです。アジアの被害者との関係の中で捉えなければならないからです。闘病が長かったから、当然、新聞社は社説原稿を準備していたはずです。もちろん昭和天皇の戦争責任が問題になることも充分予想していたはずですが、いざふたを開けてみると、戦争責任に関する部分はすべて韓国、シンガポール、イギリスなどの外国の新聞記事の紹介で紙面を埋め、『朝日新聞』の社説（一九八九年一月七日付夕刊）でも「敗戦直後、内外から「天皇の戦争責任」を問う声が出たのも不思議ではない」とのみ。自分たちがどう思っているかについては、戦後に天皇制を残したのは復興のためによかった、彼個人は平和主義者だったということだけでした。

もちろん日本の中には、天皇制に対して厳しく追及する人たちもいたのですが、その人たちの言説は排除された形で昭和天皇をめぐる日本のメディアの状況がありました。だから私みたいな若輩が僭越かもしれないけれど黙っておれないと思って書きました。

この『世界』一九八九年四月号に掲載された「第四の好機」という論考で問題にしたのは、『朝日新聞』の天皇死去の当日の社説についてです。ポイントは「天皇制を残したことは戦後の復興のために良かった」という評価についてです。それはとても自己中心的な言い方で、よりによって一九四一年の「宣戦の詔書」を根拠に天皇は平和主義者だったという主張をしているんです。つまり、詔書の一部だけを取り上げて、帝国は東洋の平和を念願してきたけれど、英米に支えられた重慶に残存する蒋介石国民政府が抵抗を止めないので、やむを得ず戦端を開くに至ったという部分を、天皇が平和を望んでいたという根拠として提示しているわけです。それを、リベラル派の朝日新聞が天皇制正当化の論拠に出すのかと驚きました。

つまりそこには、平和という言葉の概念の空洞化があるんです。平和というのは自分と相手との関係が問題なんだから、相手を無視して平和を語ってはいけないのですが、昭和天皇の責任を限りなく減免しようとするような志向が言葉や歴史認識といった尺度そのものを空洞化してしまいました。

残念ながら、私が書いた文章に対して、直接反論を受けたことはなくて、言説自体が周縁化されてしまいました。「在日朝鮮人だから」「在日朝鮮人の中でそういうことを言っているだけだ」ということで囲い込まれ、黙殺されました。

「言葉のあや」発言（一九七五年）

高橋　さらに話がさかのぼることになりますが、昭和天皇の戦争責任について私がどうしても思い出すのは、次のことです。一九七五年一〇月三一日、アメリカ訪問から帰ってきた天皇と皇后が初めて記者会見を行なった時に、記者の中から、「陛下はいわゆる戦争責任についてはどのようにお考えですか」という質問が出ました。このとき昭和天皇は、「戦争責任というような言葉のあやについては、私は文学方面についてはきちんと研究していないので、答えかねます」と述べた。全体としてにこやかな記者会見で終わったということになり、新聞報道でも「言葉のあや」発言はほとんど取り上げられませんでした。当時の新聞をいま確認してみても、『朝日新聞』をはじめとして、広島・長崎について「気の毒ではあるが戦時中なのでやむを得なかった」という表現は見出しになっていても、「言葉のあや」発言の扱いは極めて小さいし、批判もされていません。天皇の名のもとにいったいどれだけの人びとの運命が狂わされたかを思うと、現実と言葉のあまりの落差に目もくらむ思いがします。

徐　私も世間が憤激するかと思ったら、そうならなかった。詩人の茨木のり子氏の詩〈註3〉「四海波《しかいなみ》静《しずか》」くらいが私の印象に残る辛辣な批判でした。その時、リベラルを自任する人たちは何を考えていたのか。この時はまだ冷戦構造が崩壊していない時期ですからね。そこにはもっと深い、高橋さんの言葉では「地金」みたいなものがあって、戦後民主主義的な空間自体がメッキだったということがはっきりと現れた瞬間だったのかもしれませんね。

高橋 その後一九七八年に、A級戦犯が靖国神社に合祀されます。A級戦犯合祀のための「名票」が厚生省から靖国神社にすでに送られてきていましたが、合祀されずにそのままになっていた。BC級戦犯については合祀を済ませていたのに、A級戦犯だけ合祀されなかったのは、それまで長く宮司を務めていた筑波藤麿氏が「国民感情」を理由に合祀に反対していたからだとされています。それが、東京裁判が戦後の日本を歪めたという歴史観の持ち主だった松平永芳氏が宮司になったとたんにA級戦犯を合祀した。これを報じたのは翌七九年の『朝日新聞』ですが、そこにでている識者のコメントでも「国民感情に反する」ことが問題視されていました。

つまり、七〇年代末にはA級戦犯合祀が「国民感情」に反していたというこれらの見方がある程度妥当なものだとすると、A級戦犯として裁かれた東条英機らに対しては国民は反感を持っていたけれども、七五年の天皇発言についてのメディアや国民の反応を考え合わせると、〈戦争を始めたのは軍部であって天皇は悪くなかった〉〈天皇は国民のことをいつも考えていたから〝聖断〟を下して、軍部を押さえて戦争を止めてくれたんだ〉という意識が「国民感情」として根付いていたということでしょうね。

徐　もっと広く言うと、一九七〇年に安保条約が改定され、〝政治の季節〟が過ぎて、国民も脱政治的になり、現状肯定的になっていった。全共闘までの時代は、少数ですけれど、天皇の戦争責任とか、魯迅の言葉「墨で書かれた虚言は、血で書かれた事実を隠すことはできない。血債は必ず同一物で返済されねばならない」を借りて「血債の思想」を叫んだ人たちもいました。しかし、新左翼の〝自爆〟の後にシニカルなムードが広がると、日本社会は元のアイデンティティの方にゆり戻っていった。確信犯的なアイデンティティというよりも、まあこれでいいかみたいな軽いノリで、七五年の天皇の発言も記者会見場では軽く笑いながら流すという雰囲気だったそうですね。

「言論弾圧」と「空虚な主体」

徐　私が九〇年代初め頃から一〇年間、大学で非常勤講師をやって感じたことは、学生たちの歴史的な知識のあまりの欠落ぶりでした。多数とは言えないけれど、中には今日のネトウヨにつながるような発想の学生も存在していた。私にとってはあたりまえである話がこれほど受け入れられないのかと驚きでした。

高橋　最初は何年の頃ですか。

徐　一九九二〜九三年ですね。ちょうど「慰安婦」問題が出始めた頃、そのことを学生たちと議論すると、一部に「ひがんでるだけだ」「朝鮮は貧乏くじを引いただけだ」「いくらなんと言われても、私たちにも生活があるからいつまでもお金を払い続けることはできない」という反応があったり、大方は「私たちは豊かなんだから少しぐらいならやってあげたらいいじゃないの。それで収まるのなら」みたいな態度でした。

学生の反応の中でちょっと衝撃的だったのは、ゲルツェンやトルストイなどロシアの貴族革命家たちの話をして、彼らは農奴制時代の地主で途方もない特権の持ち主だったけど、人間解放のためには自らの特権も捨てるし、場合によってはシベリア流刑も受け入れるというような人たちだった、そこまで要求する気はないけれど、「日本が豊かになったのは運が良かった。朝鮮はそれをひがんでいる」というのは間違いで、実際には対等にくじを引いたわけではなく、一方が他方を搾取したり、傷つけた結果なんだから、君たちはそういうことを言わない方がいいんじゃないかという話をしたら、激しく反発した学生がいました。

高橋　激しく？

徐　レポートに「非常に一方的な言説だ」「豊かなものが豊かさを享受して何が悪い」とか書いてきた。こういうある種の居直りの世界は私にとって新鮮でした。それまでの私の周りは、人権運動を通じて知り合う人たちだから、内心どう思っているかわからないけど、そんなことを平気で言ったりはしませんから。

高橋　ごく一般的な日本の若者にそこで初めて出会った。そうしたら自分の知らない感性がそこに広がっていたということですね。

徐　ある時、教室に中国人留学生がいて、「自分たちは周恩来首相の教えを学んできた」と、要するに日本軍国主義と日本人民は別だということですね。でも、それはウソだということが日本に来てよくわかったと言ったんです。それについて、同じ教室で学んでいる君たちの学友がこういう発言をした。それなのに黙っているというのはちょっとあり得ない態度だから、「そう思う」とか「違う」とか、何か反応すべきだと言ったら、やっぱりジーッと黙っていて何も言わない。

高橋　そもそも周恩来首相の発言の意味もわからなかったのかもしれませんね。

徐　いや、一応そういう授業の一場面だったんですよ。撫順戦犯管理所や日中友好平和条約の話の中でした。

高橋　なるほど、それならわからないはずはない。うーん、黙っていた……。

徐　この学生たちの沈黙の場面をどう考えるかということで想起したのは「空虚な主体」のことです。これを実感させられたのは、一九九五年に映画『ナヌムの家』（ビョン・ヨンジュ監督）が日本で上映された時のことです。右翼が消火剤をスクリーンに撒いて妨害した事件が起きて、それに抗議する記者会見があるからと知人に誘われて行きました。壇上に並んだ人たちが「これは言論・表現の自由に対する許しがたい攻撃である」と言っていました。私はこの時、ここで主題としていること、つまり、日本帝国の歴史的な犯罪、植民地支配の犯罪、女性に対する戦争犯罪などを告発する動きを標的とした攻撃であるという観点を明確に主張しないとダメだと思って聴いていました。その時、一水会の鈴木邦男氏が会場から手を挙げて、「君たちが言っていることは間違っている。抽象的な言論の自由に対する攻撃じゃないんだ。君たちは主体性がない」ということを発言しました。私は彼の言うとおりだと思いました。全部がそうだとは言いませんが、「壇上にいるのは空虚な主体である」と思いました。これは推測ですが、鈴木氏が言いたかったのは、日本の加害責任を認め、反省することによって主体の矜持を回復するということだったんじゃないでしょうか。

このことは、昭和天皇に戦争責任があると言ったために、本島等・長崎市長が右翼に狙撃された時（一九九〇年一月一八日）、全マスコミが声をそろえて「言論の自由に対する暴力は許せない」という論調だったことと重なります。天皇に戦争責任があるのだという本島氏の主張に対する自分の見解を示さなかった。これがまさに空虚な主体なんですよ。「言論の自由を守れ」と言いながら、どの言論なのかは言わずに回避した。そういう構図が反復され、現在ではむしろ固定化されたという感じがします。

このように、私の九〇年代はフリーター的な不安定さから、冷戦の崩壊、きょうだいたちの釈放とともに自分自身も解放されて、これは幸運と言うべきだけど、大学に職を得てものを書く人間になりました。それと同時に、新しい混乱の中に入ったという実感を強く持ちました。その後、映画『ショア』の上映の際に高橋さんと出会って、九六年にアウシュヴィッツに一緒に行ったり、九九年の国旗国歌法や翌年の女性国際戦犯法廷につながっていきます。

小泉訪朝／日朝平壌宣言／日本人拉致問題（二〇〇二年）

徐　二〇〇二年の日本人拉致問題に少し触れておきます。私もあの時にはショックを受けて、翌年『秤にかけてはならない』（影書房、二〇〇三年）という本を出しました。この本のメインとなる論考のレイアウトは上下二段に分かれていて、上段を「日本人へのメッセージ」、下段を「朝鮮人へのメッセージ」としました。なぜこんな風変わりな体裁にしたかというと、言説生産者である私の意図を歪曲し、流用し、消費されるのを避けたかったからです。そのことを強く意識したのは、9・11同時多発テロの後、ブッシュ大統領がアフガニスタン・イラクに派兵する時、「お前はテロを擁護するのか／しないのか」というような踏み絵を迫ったことが念頭にあったからです。その結果、アメリカ世論の大半がブッシュ支持にまわりました。そんな愛国主義的な議論に抗して、孤軍奮闘していたのがエドワード・サイードでした。

『オリエンタリズム』や『文化と帝国主義』などの著作で知られるエドワード・サイードは「9・11」直後、愛国主義の熱に浮かされ、「対テロ戦争」に突き進むアメリカ国民大多数の中にあって、「テロ」という言葉を、原因や文脈を無視して無限定に使用することに警鐘を鳴らしました。

「……非常に心配なのは、冷静な分析や考察を遂行する気配がないかわりに、差異化し定義しようとする努力だけが、やけに目立つことです。たとえば〈Terrorism〉という用語。〈テロ〉はいまや反米主義と同義語になるかと思えば、今度は合衆国に対して批判的であることと同義語になり、さらにまた非愛国的であることと同義語になったりしているのです。このような同義語づくりの連鎖はもってのほかです」（デイヴィッド・バーサミアンとの対談『文化と抵抗』〈原書、二〇〇三年〉、大橋洋一・大貫隆史・河野真太郎／訳、ちくま学芸文庫、二〇〇八年）

サイードはさらにこう述べています。「いま現在、帝国主義者をこうまでのさばらせたのは何が原因ですか？」という質問に、「知識階級全般の失敗」を挙げています。

「重要なゴールを見失ってしまったのです。重要なゴールとは、エメ・セゼールが述べたような、自由と解放と啓蒙を求めるあらゆる民族が集う、勝利の会合なのです」（同右書）

在日朝鮮人である私も拉致問題について発言した時、「朝鮮憎し」というようなメディアの濁流に呑み込まれてしまうのではないかと恐れましたが、黙っているわけにもいかないということで、「誰に向かって発言しているのか」を明確にするために先に述べたようなレイアウトにしてもらいました。

この論考で私が述べたことの詳細はここでは繰り返しませんが、最近刊の拙著『日本リベラル派の頽落《たいらく》』（高文研、二〇一七年）に再録しておきました。その結論部分だけ、ちょっと引用してみます。

「植民地支配という「制度」が支配者と被支配者との関係によって構成されていた以上、この「制度」を歴史的に克服することは、両者による、異なった角度からの、同じ方向に向けられた努力によってしか成し遂げられない。いいかえれば、植民地支配の時代を乗り越えることは、人類史が日朝両民族に付託した使命なのである。日朝両民族のどちらの側も、いかなる意味でも、拉致と植民地支配を秤にかけてはならない。たとえ計算ずくの空文句であろうと日本国代表が朝鮮民族に向かって「植民地支配」の非を認めた《9・17》（日朝平壌宣言）を、何としても新たな不信と絶望的対立への転換点にしてしまってはならない。ましてや、次なる戦争の端緒にしてはならないのだ」

二〇〇二年に書いた文章ですが、その後の一五、六年は、この文章の末尾で述べた悪い予感が次々に現実のものとなる経過であったような気がしています。

朝鮮民族の一員であり、在日朝鮮人である私があの事態をどういうふうに捉えようとしたかということの一つの身振りがここにあるので、いま想起しておいた方がいいと思って紹介しました。

あの時点で朝鮮民主主義人民共和国は日本人を拉致したことを認めました。それから、いわゆる〝不審船〟を日本近海に派遣するのを止めた。つまり、当時の朝鮮民主主義人民共和国としては最大限、自らの犯罪行為を認めた上で対話を始めようとした。日本政府にしてもそこまでナイーヴじゃないから、小泉氏が平壌まで行って、共同宣言を発して対話が始まる、そして日朝国交正常化に向けて踏み出せるという心算があったはずです。

ところが、一瞬にしてそれがひっくり返りましたよね。計算が外れた小泉氏は非常に機敏に変わり身をして、日本における排外的、国粋的世論の側に身を寄せて生き残り、正当化を図った。その対話を通じて、正常化交渉をしながら問題を解決していこうと考えていた外務省の一部の人たちは、いわばはしごを外された形になったんだろうと思うんです。

高橋　私が小泉訪朝で注目したのは、平壌宣言の中に「植民地支配」という言葉が入ったことです。一九六五年の日韓基本条約にはもちろん入っていません。そういう意味では植民地支配という事実を認めつつ、国交正常化を進めていこうという外交がそこで始まろうとしていたわけで、その機会が失われてしまったのは何としても残念なことでした。

徐　九五年の村山談話で初めて植民地支配という言葉を使って、内心ではともかく、それを認めるという線で東アジアの秩序再編に取り組んでいこうという方針が支配層の中でも一定の合意がありました。

高橋　日朝平壌宣言でそれが外交文書に正式に入ったということですね。

徐　日本国内で猛烈な北朝鮮バッシングが始まった時、興味深かったのは、それまで朝鮮総連に近い立ち位置で在日朝鮮人の帰還事業にもかかわったような、いわる「朝鮮人の友」「良き日本人代表」みたいだった人がバッシングの急先鋒に立ったことです。私が思い浮かべるのはたとえば「北朝鮮に拉致された日本人を救出するための全国協議会（救う会）」初代会長であった佐藤勝巳のような人物像です。この人物はかつて在日朝鮮人帰還事業に参加し、北朝鮮から二度にわたり勲章を授与されており、在日韓国・朝鮮人差別反対運動にもかかわった経歴があります。

なぜそういう行動をとったのか、論証することが難しい問題ですが、朝鮮人と近くなった人であればあるほどその変化がドラスティックになります。それはつまり、自分自身の中で「朝鮮人はこうあるべきだ」とか「こんなにしてやった」という感情の反動ではないでしょうか。拉致問題によって、植民地支配に対する自分たちのエモーショナルな罪責感が反転する契機が与えられたわけです。俗な言い方をすると、勝手に完全無欠な被害者像として見ていた北朝鮮が加害者だった、あいつらだって悪いんだ、俺たちばっかり謝ってきたけどそうじゃないんだ、そんな心情が解放される瞬間だったと思います。

だから、私は『秤にかけてはならない』の「朝鮮人へのメッセージ」の中で、拉致問題はもちろん明白な国家犯罪である。大事なことは、道義的・倫理的な「拠点」はやっぱり守らなければいけないということだと書きました。例えば、国連の場で日本からの拉致問題提起に対して、「お前たちだって〈慰安婦〉をやってるじゃないか」というようなことを朝鮮民主主義人民共和国の代表が言うのは大きな間違いだと思っているんです。それは〝秤にかけてはならない〟のですよ。もちろん同じように植民地支配を正当化する意味で秤にかけられては絶対ならないのですが。

秤にかけるという心理は、国家的アイデンティティと個人のアイデンティティがないまぜになっている精神ですよね。俺たち日本人ばっかり悪いというけど、おまえたち朝鮮人だって……という幼稚な論理があると思います。

高橋　それは現在、朴裕河氏の『帝国の慰安婦』を賞賛している日本のリベラル派知識人の、韓国ナショナリズムに対する感情の中にもあるように思いますね。

徐　ひたすら恐縮するというようなポーズをとってきた人ほど耐えられないわけです。そういうのが日本知識人の対アジア、対朝鮮、対中国の接し方の中にあった。これが病根が深くて、内容が空疎なままひたすら恐縮するという一種のコードでしかなかったから、それが逆転した瞬間に中身も消えてしまった。そうではなくてどんな問題に責任があるか、どういう責任があるか、自分はどの部分について責任を感じるべきかという分節化と認識ができずに、まるごと日本人が正しいか／朝鮮人が正しいか、そういう思考しかできなくなって、いわゆる知識人たちもその方向に流れて行ってしまった。

高橋　責任の分節化の認識はきわめて重要です。私もその点の説明には努めてきたつもりですが、「無限の恥じ入り」などといった情緒的な決めつけが一旦なされて流布されると、安易にそれに飛びつく人たちが出てくる。私の議論をきちんと読まずに、いまだにそういうレッテル貼りをする人がいる。

『前夜』創刊（二〇〇四年）

徐　二〇〇四年になって、私と高橋さんも編集委員になって季刊雑誌『前夜』を創刊しました。まず、「前夜宣言」を出して、二〇〇四年の秋号が創刊号となります。当初から季刊で一二号までという計画で進めましたけれども、さまざまな事情で私も高橋さんも一〇号までで退任し、最終の一一号・一二号は私たちが関与しない形で出版されました。

『前夜』は大成功したとか、たくさん読まれたということはないけれども、一つの時代、その当時の日本の社会状況、思想状況を見ながら、私たちなりにそういう媒体が必要だという思いから発足しました。その中で高橋さんは中心になって重要な役割を負われたわけです。本格的な論文とか、長い対談とかもあるのですが、高橋さんが書かれた短い文章で現時点で振り返っておくべきものがあります。

まず、創刊リーフレット「前夜への招待」に、高橋さんは「一点の灯」というタイトルの文章を寄せています（資料編二一三ページ参照）。私もそこに「希《まれ》な望み」という文章を書きました（資料編二四〇ページ参照）。この創刊リーフレットの短い文章を改めて読むと、この時の高橋さんの思いが凝縮されてよく表れていますね。「この国の〈地金〉が剥き出しになってきた」「まるで、戦後民主主義と平和主義の全ては、この〈地金〉を暫時隠していたメッキにすぎなかった」、高橋さんはこの問題意識を持って『前夜』にかかわってこられた。

そして、「戦争と差別の時代を許せば、私たちの敗北である。しかし、抵抗せずに敗北するより、抵抗して敗北する方がずっといい」「どんな〈暗い時代〉にも、暗闇に抗して思考し、言葉を紡ぎ、闇に紛れた他者たちに向けて声を発した人たちがいた。そうした思考、言葉、声に勇気づけられ、私たちも思考し、言葉を紡ぎ、声を発していきたい」とこの文章は結ばれています。

ハンナ・アーレントの『暗い時代の人々』（阿部斉訳、河出書房新社、一九七二年）を意識されたものだと思いますが、そこで、この文章を書いた頃の状況とか心境をちょっと振り返っていただけますでしょうか。

高橋　さきほども見たように、二〇〇一年に9・11同時多発テロ事件、その翌年には小泉首相が平壌に飛んで国交正常化を目ざす日朝首脳会談がありました。その小泉・金会談で、日本人拉致問題を朝鮮民主主義人民共和国側が認めたことをきっかけに、日本の中では猛烈な「北朝鮮バッシング」が起こった。それが九〇年代後半からの右派勢力のキャンペーンと合流して、自国への反省的な態度を問答無用に「反日的」と名指して攻撃する風潮が一般化し、国内世論が大きくナショナリズムへと傾いていった時期だったと思います。私たちはその真っただ中にいて、危機感を共有する仲間とともに『前夜』を立ち上げ、ささやかながら抵抗の足場にしようと考えたのでした。

いま紹介してもらった「地金」という言葉について誤解があるといけないのですが、日本の歴史の中に変更不可能なものとして、実体論的な形でそういうものが存在すると考えるわけではありません。かつて丸山眞男が日本の中に歴史貫通的な形で「古層」なるものを想定したことがありました。政治学者たる丸山がそれを本当に不変の実体のように考えていたかは厳密に議論しなければいけませんが、歴史貫通的な「古層」を想定したことについては批判もありました。

私自身はそれほど厳密な言葉として使ったわけではなく、明治から敗戦までの時代に形成されたもの、そして敗戦後六〇年経っても変わらずに日本社会に根を下ろしているものとして語ったわけです。当時はそれを強烈に感じましたね。女性国際戦犯法廷に対するさまざまな攻撃、また、拉致事件をめぐる北朝鮮バッシングを目の当たりにして、その排外主義と民族差別的意識というものを、あたかもこれまで伏流水のように地下に隠れていたものが一挙に噴出してきたかのようにも感じましたね。

私の素朴な実感として、六〇年代に物心がついて日本の社会を見渡してみると、憲法に謳われている理想とはだいぶ違うなと、特に日本の政治は何をやっているのだろうという思いがありました。同時に、それでもまだこれは「戦後」間もないからで、時代が進めばこの社会も憲法の理念に近づいていくのだろうと楽観的にも思っていました。

ところが、実はまったくの見当違いだったと思い知らされたわけです。今まさにメッキが剥げて強固な「地金」が露呈してきたと感じた。「地金」とは、明治以来敗戦までの間に作られた国家の体質、イデオロギーであると同時に、それを内面化した国民意識でもあります。『前夜』が問おうとした大きなテーマの一つ「植民地主義」は、その本質的な要素です。

徐　もう少し個人的な話を続けさせてください。私が高橋さんたちと『前夜』に取り組んでいる途中で、たいへん申しわけなかったのですが、韓国に研究留学という形で二年間（二〇〇六〜二〇〇七年度）滞在することになりました。

高橋　韓国に長期間滞在されたのはそれが初めてでしたか。

徐　ええ、それまで最長でも二〜三週間の短期の滞在というのはありましたが、二年というのは初めてでした。我々のような日本で生まれ育った在日朝鮮人の中には政治的に問題があって韓国に行けない人はたくさんいるんですね。韓国籍であっても韓国政府と対立関係にあるとか、あるいは籍が朝鮮籍で韓国政府から韓国籍に変更するように強要されているけどそれを拒否しているというケースです。私の朝鮮語はそれまで辞書を引きながら読むというレベルだったのが、二年間の滞在のおかげで聞き取ることもある程度できるようになったし、最近では原稿無しで講演できるようになりました。もちろん、自分の言えることだけですけれどね。

高橋　それは私などには想像もつかない、徐さんにとってはすごく大きな経験だったでしょうね。

徐　やはり他言語を勉強して学ぶというのとは異なる意味があります。自分のルーツの地・韓国で、そこで暮らしている人たちと直接コミュニケーションを取ることがある程度可能になりました。それは現在の私の仕事の基礎をなしているということで、たいへんありがたい経験でした。例えば、朴裕河氏が韓国ではこうだとか、韓国人はこうだというイメージを日本で流通させている時に、それがどんなに一面的であり、断定することなどとうていできないと実感できたのは、やはり実際に暮らしてみたからだと思っています。

朴裕河『和解のために』批判

徐　二年間の韓国滞在中に、朴氏の『和解のために』が韓国で出版されましたが、韓国国内では当時ほとんど話題になりませんでした。それが日本で翻訳されて大佛次郎論壇賞を得たということを耳にしましたが関心を持っていませんでした。いよいよ日本に帰る頃になって、私から見てこの本に対するまっとうな批判というのがほとんど見受けられなかったので、ちょっとお節介かもしれないと思いながら、批判の原稿「和解という名の暴力―朴裕河『和解のために』批判」(『植民地主義の暴力』〈高文研、二〇一〇年〉所収)を書きました。

高橋　韓国では批判もないけれど、評価する声もなかったのですか。

徐　韓国ではほとんど取り上げられませんでした。その理由を私なりに推測します。韓国においては日本文学研究という領域自体が周縁化されています。主流はアメリカの政治学や文学を紹介するものです。日本文学研究者の第一世代は日本植民地時代かあるいはその直後の流れにいるから、韓国の七〇年代、八〇年代の民主化勢力的な発想の人から見ると、旧世代であると同時に、日本に対して親和的な人たちというイメージを持たれていることは事実です。最近では、村上春樹とか吉本ばななといったあたりを研究する新世代も出てきていますが、やはり日本文学研究者は韓国社会全体の中でどうも不遇感を持っている感じがします。

大きな問題として、「日本とは何か」という問題は当の日本人にとっても理解しがたいものですが、韓国から見ると、自分たちを支配した国であると同時に、ある意味では近代化のモデルにもしたという二重性を帯びている。ある面を取るととても模範的なものであり、ある面を取ると許しがたい冷酷さとか残忍さを持っている。それが一つの日本という用語にくくられるものをどう理解するかという、非常に深刻なテーマであるわけです。

だから私も、韓国社会では日本を批判しておけば多数の人たちの共感を得ることができるんじゃないかみたいな土壌、条件があるのは事実だと思っています。その日本批判というのがどのくらい正鵠を射ているかどうかはともかくとして、基本的に日本を批判していれば、読者は同意しないまでも反発はしないみたいな。そこに朴裕河氏は一石を投じたかったのではないか、と推測するんですね。

私は、朴氏には日本文学研究者の中で自分を差異化する、韓国社会の中で自分を差異化するというような強い動機があって、その動機を実現するためのさまざまな理論的なツールとして、フェミニズム理論とかポストコロニアリズム理論を恣意的に借用していると見ています。例えば、七〇年代の民主化勢力の中にナショナリスティックな傾向があるとか、家父長制的なものが払拭されていないということだけを取り上げると、それは事実の一面を突いている。だけど、そういうことに対する批判が韓国の中に無いかというとそうではなくて、朴裕河氏が批判している対象の、例えば韓国挺身隊問題対策協議会〈註4〉（挺対協）もそれとたたかっているわけですよ。

問題は朴氏の著作が日本社会で実態以上にもてはやされたことです、特に朝日新聞や毎日新聞といったリベラル派と言われる人びとの中で大歓迎されました。彼女が言うような和解路線というものに和田春樹氏をはじめとするような日本の良識的知識人が、引きずられてと言うべきか、その人たちが彼女を利用しているというべきか――そういう局面が現れたと思います。

朴氏は、二つの国家を行き来しながら言説生産をしていますが、その二つの国家が歴史的な理由で対立関係にあって、それぞれの国民多数の意識にも内面化しているとすると、相手国に行って自国の批判をするということには商品価値が生じるわけです。本来、知識人であれば、その相手国の人びとの理解が不正確だったり、偏見があったりしたら、それを正すために言説でたたかわなくてはいけないわけですが、朴氏のように両国を往還しながら、対立関係の中で言説作戦を繰り広げるのは、根源的な和解のためにならないんですよ。たえず、対立の原因——植民地支配の歴史や継続する植民地主義に立ち返らないと解決することはできません。

だから、朴氏の言説を歓迎している日本の知識人が表向き期待しているものとは逆になり、日本における韓国、あるいは朝鮮民族に対する反感とか偏見を増幅してしまうのです。ダーバン会議のところでも話しましたが、欧米諸国の奴隷制および植民地支配の責任を道義的なレベルを超えて、法的なレベルまで追及しようとする動きに対して、旧宗主国だった国々が頑強に抵抗しました。そこで「歴史の見直しみたいなことをやると切りが無い」「道義的には責任は認めるけど、法的には責任は取れない」といった言説が欧米では人気があって、欧米市民の消費の対象にはなる。しかし、アフリカやラテンアメリカでは言説の市場そのものが狭いから一般に流通しない。つまり、そのような国境を越えた言説が植民地主義の継続とか植民地宗主国の責任を徹底追及することを阻むという力の方に動員されていきます。この動員されていくことの責任は言説生産者やメディアにもあるけれど、言説自体は基本的には新自由主義的な商品だから、消費者からみて口に合う商品が売れるということです。もちろん言説生産者は、そういう状況を作品の力で乗り越えようとしなければいけないのであって、そちらに迎合してはならないというのが、私の基本的な立場です。

『和解のために』を読んで驚いたのは、韓国語版原文にはなくて、日本語版にだけ書かれているくだりがいくつかあります。例えば、「あとがき」で「日本語版を出すにあたって、日本への批判を少し加筆した」と書いていますが、一方で本文中に、韓国の知識人には日本人たちがしてきたような自己批判はないとも書いている。一九〇五年の韓国併合条約は「不法」「不当」だという議論が韓国にある。朴裕河氏は「不法か／不法でないか」について議論するのではなくて、まず「不法」だとする議論について、「『不法』だとする主張（李泰鎮ほか）には、自国が過去に行なってしまったことに対する「責任」意識が欠如している」（『和解のために』二二六頁）と批判する。一九〇五年に結んだ条約を今になって「不法」だとするのは、国民としての責任意識が欠如していると。いいかえれば、「国民」である限り、国家が結んだ条約を批判することは「無責任」だという驚くべき主張になります。これには、朴氏はナショナリズムを批判する身ぶりをとりながら国家主義的な問いかけをしているという大きな矛盾が見て取れます。

また「（一九六五年の）韓日協定の不誠実さを取り上げて再度協定の締結や賠償を要求すること

は、一方的であり、みずからに対して無責任なことになるだろう」という、とんでもない文言もあります。「日本の知識人がみずからに対して問うてきた程度の自己批判と責任意識をいまだかつて韓国はもったことがなかった」という一行が日本語版に付け加えられている。

高橋　その一行は、ある種の日本人を喜ばせるでしょうね。

徐　「韓国はもったことがなかった」とは誰のことなのか、「韓国」という主語でそんなことを言えるのでしょうか。原文は「ウリ」＝「私たち」となっていて、この「私たち」という原文を「韓国」と訳すのは大きな問題ですが、朴氏には自らの国民主義的な発想の前提がまったく省察されていないということです。「国民主義」とは、簡単に言えば、「個人」と「国民」を同一化させ、つねに「国民」という主体を前提に発想することです。これをあえて書くということは日本の読者を意識しているからではないか。日本の読者もまたそれを喜んでしまうということ自体が、すでに和解のためになっていないわけです。普通、そう言ってくれてうれしいなんてことは口にできないし、喜んでしまう自分の心の動きがあったとしたら、それでいいのかと反省するはずです。ところが日本の名だたる知識人たちが喜んでしまった。

あまりにも知識人としてはおそまつすぎる。まさに寒心に堪えないという感じがして、私はこの一行をなぜ加筆したのかと問うているんですよ。それについての直接の反論はありません。「お前はナショナリストだ」とか「お前は家父長主義者だ」という的外れな非難はありますが……。

和田春樹氏にも「このくだりを読んだ上で、この本を評価しているのか」と尋ねましたが、答えは返ってきませんでした。要するに、これは学問的議論という水準のことではなくて、いわば、リベラル派知識人の中に意識的・無意識的に内在する歴史修正主義的心性だと思います。

「共感的不安定」のレトリック

徐　朴裕河氏が雑誌『インパクション』二〇〇九年一〇月号に「『あいだに立つ』とは、どういうことか」というエッセイを書きました。これは、私が『和解のために』批判を韓国のハンギョレ新聞に書いたことに対する反論という形で書かれた文章です。

この文章で、ドミニク・ラカプラの著作から言葉を引いて、[註5]「共感的不安定」という言葉をつかっています。「共感的不安定」とは簡単に言ってしまうと「対象に共感しつつも安易に同一化しない精神状態」という意味です。それを朴氏は、自分は元「慰安婦」に対して「共感的不安定」を持っていると言います。言いかえると、上野千鶴子氏の造語ですが「モデル被害者」を作ってそれと一体化するということは間違っているということです。これだけ取り出すと、その通りだとうなずいてしまいます。

しかし、朴氏はこのエッセイの冒頭に、一枚の絵をかかげていて、それは日本軍捕虜としてタイの捕虜収容所で強制労働を経験した元オランダ兵が自身の記憶にもとづいて描いたもので、朴氏の説明によると、裸にさせられたオランダ兵が川岸で朝鮮人軍属とおぼしい人物から、性的虐待と拷問を受けている場面であり、そこには川の中に裸で立つ二人の「Japanese Nurses（日本人看護婦）」がオランダ兵に向かって卑猥で挑発的なポーズをとっている様子が描かれているのだそうです。朴氏はさらに続けて、その「日本人看護婦」が実は「朝鮮人慰安婦」であることを強くほのめかした上で、「ここでの女性たちを「慰安婦」とみなしていいなら、わたしたちは彼女たちについてどのように考えるべきだろうか。しかし、どのような解釈をするにしてもそれがすでに定着している「慰安婦」像を大きくはみ出るものになることは確かである。その確認は、慰安婦＝被害者の認識を根底からゆらがせる《（ママ）》」と述べています。

つまり、「慰安婦」と言っても天使じゃないよ、悪だよと。これはあまりにも話が稚拙で、そういう場合があったかもしれないけど、それは構造としての「慰安婦」制度の悪とはまったくレベルの違う話ですよ。比喩的に言うと、アウシュヴィッツで被収容者であるユダヤ人が悪をどれくらい行なったかということが、ナチスのユダヤ人収容所制度の免罪とはなんの関係もないのと同じです。むしろ収容所制度がその悪を引き出したと理解するべきです。

要するに、いま問題になっている「少女像（平和の像）」のように無垢な天使みたいに描かれているけれど、本当はこんなことをしていたのだと言いたいわけでしょう。しかしそれは認識自体が稚拙であり、この絵についても学問的に論証されたわけではないからどこまで本当かわからないし、危ない話なんだけれど、さまざまな留保をつけながらもこれをほのめかす。やっぱり「慰安婦」だってみんな天使じゃないよねとか、朝鮮人だって被害者だと括れないよねみたいな主張を、ドミニク・ラカプラの「共感的不安定」という用語を借りてしているのです。

私は、被害者は完全な存在ではないし、善人でなければならない理由はないと考えています。むしろ被害者にさせられるのは、社会的に最下層であり、幾重にも差別を受けてきた、教育も十全に受けられなかった人たちだから、そういう人たちが日本帝国の軍国主義思想を内面化していくとか、あるいは自分より虐げられたものに対する攻撃性が出てくることはあり得ることだと思います。これが事実であろうがなかろうが、それが「慰安婦」制度に対する免罪には全然ならない。

仮に百歩譲って、韓国で「慰安婦」問題に携わっている人びとが被害者モデルを作って神聖化しているとしても、それは韓国の人びとに向かって自己省察として議論すべきことなのに、日本の言説界がそれを歓迎し、増幅し、再生するという構図自体が見るに堪えない。知的にも退嬰しているし、植民地主義を延命させ、増幅させる方向に機能していると思うのです。

しかし、私は日本でこれをテーマに何回か講演をしましたが、あまり評判が良くなかったようです。徐京植の中に女性蔑視を感じるとか、朴裕河という女性に対して厳しすぎるとか。軽々には言えないけれど、在日朝鮮人で男ということになるとこういうものだろう、韓国の男はこういうものだろうみたいな先入観があるようで、そこを朴氏もうまく利用していますね。

高橋　元オランダ兵の絵と言われるものについての今の徐さんの議論は、「慰安所」制度とかナチスの収容所とか、この種の問題を扱うときには誰もが踏まえておかなければいけない基本前提であって、常識とさえ言っていい。それに反発があるとしたら、徐さんの議論が、朴氏の議論を受け入れたいと感じている自分たちの旧宗主国国民としての責任を問うてくるからで、それに向き合うことを無意識に避けようとして、先入見を動員して自己防衛を図っている、ということではないでしょうか。

似ていると言えるかどうかわかりませんが、私にはこんな経験があります。福岡で沖縄の米軍基地の引き取りの話をした時のことですが、日本人（ヤマトンチュ）の女性が手を上げて、「自分たちが沖縄に基地を押しつけてきているとすれば責任を取らなければならない。それはたしかにその通りですけど、米軍基地を引き取った時に被害を受けるのは女性です。それをわかっていて、男性のあなたが引き取りを言うことをどう思いますか」と質された。

私の考えの中に無意識のうちにジェンダー・バイアスがないかどうか。それは私がいくらそれをなくそうと意識的に努めていたとしても、私自身まったくないと言い切れるものではありません。私はその時は、基地をすべてなくすのが一番だけれど、日米安保体制を圧倒的多数が支持している現状では、これから起きるかもしれない被害については「本土」の私たち自身で防ぐ努力をするしかない、などと答えるしかありませんでした。ところがその会場には沖縄出身の女性がいて、質問者の女性に対して声を震わせて反論したのです。厳しい場面ですが、ヤマトの男が問われていると同時にヤマトの女性もまた、沖縄の人びとの要求にどう答えるかが問われているのだと思います。

徐　それは、九〇年代に出てきたフェミニズムと、こういう人間解放とか民族解放とかが交わるところでたえず出てくる論点ですね。マジョリティの女性がマジョリティという圏内で女性の権利を主張する／マジョリティとしてのパイの分け前を争っている／マジョリティとしての男との均衡を争っている、というもので、そのこと自体は反論できませんが、そのマジョリティが構成する国家が植民地を抑圧したり、収奪しているということになると、マジョリティ内部の矛盾だけを問題にしていると、結果的に植民地的関係を承認したり、黙認しているという構造を生み出してしまう。

もう少し原理的に言うと、六〇年代のアメリカ合衆国で公民権運動か解放運動かという議論があって、ラテンアメリカにおけるさまざまな解放運動、解放神学〈註6〉の立場から、結局、合衆国のような先進国の女性運動は市民としての男との平等という解放を訴えているけれども、合衆国がラテンアメリカを収奪しているという問題については関心が低いし、あるいはまかり間違うとむしろそれを補強するようなことになる。つまり、普遍主義的フェミニズムは間違うと植民地主義や帝国主義と共犯関係になるという指摘がありました。

アメリカ合衆国によって抑圧され収奪されている地域の人びとにとっては、帝国主義・植民地主義のくびきから解放されることが第一義的な課題であるのに対して、アメリカ合衆国の国民＝市民にとっては「パイ」の分配をいかに「公正」に受けることができるかが課題になってしまう。したがって「パイ」が大きくなることそのもの、つまり植民地的収奪そのものに対する根源的な抵抗は生まれにくい。それを困難にしている壁は、マジョリティの多くに内面化された植民地主義的な心性です。このように公民権運動と反帝国主義解放運動との間にある種の緊張関係があり、それは「先進国フェミニズム」と「第三世界フェミニズム」との間にもあります。もちろん、私自身はこれを解決不可能な問題とは考えていませんが、その解決のためには、先進国市民の側が自己に内面化された植民地主義的心性を克服することが求められるでしょう。目指されるべきは「和解」ではなく、「克服」を通じての普遍的な連帯です。基地が来ると自分たち日本女性が割を食うという話は、沖縄という他者に基地を押しつけておいていいという理由には全然ならないということです。

ジャック・デリダの「赦し」について

徐　高橋さんは朴裕河氏の議論について、どう考えておられるのですか。

高橋　実は私は朴裕河氏とは、数年前まで何度かお会いして話をしていました。私の記憶では、『和解のために』が出る数年前に朴氏から連絡があったのが始まりで、「慰安婦」問題や日韓関係に関心があり、私の言論もフォローしてくれていたので、東京やソウルでそういう機会があったのです。最初はお互いの考えを確かめあうという感じで、ご自身については日本の植民地支配に対して批判する立場であるし、日本の右派の言説はとうてい認め難いということで、「自分は政治的には左派だ」とも言っていました。

徐　今でもそう言っているし、昔はもっと前面に出して言っていましたね。

高橋　私は日韓関係に心を砕く研究者同士として交流するつもりではいましたが、彼女が日本の研究者と立ち上げた研究グループのメンバーを見た時に、小森陽一氏、上野千鶴子氏、成田龍一氏など、「慰安婦」問題をめぐっては認識を異にしたり異にする可能性のある人たちが中心だったので、誘われたのですが参加はしませんでした。その後、朴氏の関心は急速に「慰安婦」問題に絞られていった印象で、女性のためのアジア平和国民基金（国民基金）を支持する立場であるのがわかりました。私は、法的な責任を認めるかどうかは決定的な問題だと思っていたので、そこは一致できないなと思うに至りました。

『和解のために』は、サブタイトルに「教科書・慰安婦・靖国・独島」とあるように、かなり総花的に日韓の歴史問題・領土問題について語っていて、「靖国」「独島」については特に新しい議論はなかったように思います。「教科書」と「慰安婦」については韓国側の態度に問題があるとかなりはっきりと主張していて、日本側は「教科書」でも努力してきたし「慰安婦」問題についても国民基金があるのだから、日本側の謝罪の姿勢として受け入れるべきだと。日本政府はこれまで何度も謝罪してきたのだから、ボールを持っているのは韓国側である、和解のためには被害者の側が赦すことが必要なのだから今や韓国が日本を赦すべき時である、という主張でした。

私が注目したのは、「日本語版あとがき」にジャック・デリダの名を出している箇所です。デリダは加害者側の謝罪がなくても一方的に赦すべきだという思想を説いているとして、韓国側もそのように日本を赦すべきだというのですが、この理解は正しくない。「赦し」をめぐるデリダの議論は、「赦し」(pardon,forgiveness) という概念を徹底的に突き詰めていった時に、「無条件の赦し」というところに行かざるを得ないというものです。赦しが赦すのは罪そのもの、悪そのものであるとするならば、加害者が加害行為を行なっていていっさい反省も悔い改めもしていない、まさに罪人であり悪人であるその間に無条件で赦すのでなければ、純粋な赦しとは言えないと。例えば、イエスが十字架にかけられているまさにその時に、「神よ、彼らを赦したまえ」と迫害している当の罪人をその時点で赦している……そんなイメージですね。

しかしデリダは、アブラハム的宗教(ユダヤ教、キリスト教、イスラム教)の伝統の中にはこういう思想がある一方で、赦すためにはそのための条件が満たされていなければならないという「条件付きの赦し」の思想もあり、むしろこちらの方が一般的だとも言うのです。赦すためにはさまざまな条件があり、中でももっとも重要なのは、加害者が自らの非を認めて悔い改め謝罪をすることだと。それなしに赦すことは罪や悪を放置することになり、まったくのインモラルな世界を招致することになってしまう。きわめて対照的なこの二つの思想が「赦し」の伝統の中には存在していると。

そして忘れてならないのは、デリダによれば、無条件の赦しは「不可能なもの」である、ということです。逆説的な表現を使って、それは「不可能なものの可能性」としてしかありえない、というのです。言いかえれば、現実にあるのはつねに「条件付きの赦し」でしかありえない、ということですね。そしてこのことは、集団を単位として「赦し」が語られる場合によりはっきりと現れる。つまり、「集団」を単位として「無条件の赦し」や「一方的な赦し」を語ることはおよそ不可能であり、現実的でないということです。

冷戦構造が崩壊して以降、東アジアだけでなく、東ヨーロッパの国々がユダヤ人迫害に対して政治的な謝罪をするとか、西ヨーロッパでもドイツだけでなく、フランスもヴィシー政権時代のユダヤ人迫害に対して謝罪する。こうした流れがラテンアメリカ、オセアニア、北米にも広がって、いわば「和解のグローバル化」みたいな現象が生じました。デリダもそのことを踏まえて「和解」や「赦し」を議論しているのですが、その際の強調点は、国家主権が絡むレベルでの「赦し」は必然的に一種の交渉となり条件が付くので、「純粋な赦し」つまり一方的で無条件な赦しはあり得ないということなんですね。

たとえば南アフリカの真実和解委員会について考えてみると、デズモンド・ツツ大司教がキリスト教の思想に訴えて、ナチスを裁いたニュルンベルク裁判のようなことをするのではなくて、互いに赦し合うことによって南アフリカを再生させるのだと、「赦し」の精神を諄々と説いたわけですけれども、しかし真実和解委員会にしても結局は国家の法によって構成され、赦免の条件について合意して行なうわけですよ。政治的に決定された諸条件をクリアして赦免されることになった人権侵害者に対して、その遺族が絶対に赦せないという場合も起こってくるわけですね。朴裕河氏が主張するような日韓の国家レベルにおいて、「一方的な赦し」なるものがどんな意味で可能だと言えるのか。デリダの議論が安易に援用されていると言わざるを得ません。

徐　赦しの主体について、誰が誰を赦すのかということが曖昧にされているんだけれど、朴氏は本来的にそこに国家を想定していて、韓国が赦すという主語で語っていますね。

高橋　『和解のために』には「日本は広島・長崎についてアメリカを赦すべきだし、それと同じように韓国は日本を赦すべきである」という一節がありますね。日本・アメリカ・韓国を主語にして赦しについて語っているのですが、はたして朴氏はどこにいて、どういう資格をもって「韓国は日本を赦すべきだ」と言っているのか、大きな疑問を感じました。

さきほどの「元オランダ兵の絵」をめぐる朴氏の議論につなげれば、広島で被爆した人の中には日本人だけでなく、朝鮮人もいれば、捕虜になったアメリカ軍の兵士もいる。日本人の中にもイノセントな少年少女もいれば、軍人もいる、犯罪者だっていたでしょう。被爆者の中に社会的に見て「悪人」とされる人たちがいたとしても、だからといってアメリカ国家の加害責任が軽くなるわけではない。政治的・法的な責任問題が曖昧にされてよいわけはない。

徐　朴氏の議論は、ナショナリスティックな国家単位の発想で国と国が外交的、政治的に和解するという話と、被害者と加害者の間に非常に困難な和解が可能かどうかという話を、おそらく意図的に絶えず混同していて、和解を受け入れない個々の被害者は、国同士の和解を阻む存在というような位置を取らされるのです。

たとえば、日本と当時の韓国政府（朴槿恵政権）がむすんだ二〇一五年末の「12・28日韓合意」に対して、その内容が公式謝罪や国家賠償を求める当事者の意向に反しているなどとして受け入れを拒否する被害者たちが相当数います。朴氏の論法でいくと、その被害者たちや支援者は「無責任」であり、頑固なことを言い張って国同士の和解を阻んでいるということになる。そういう被害者の声を抑えつけた上で強行されることが真の和解なのか？　誰と誰が、何のために和解しようとするのか？　あなたは和解せよと言うが、そういうあなたは一体誰なのか？　あなた自身が被害者なのか？　被害者個人が、みずからの判断で和解を受け入れる、そのことを誰も阻まない。同じように他の被害者には和解を拒否する権利がある。あなた自身は被害者ではない。被害者を代弁できる立場でもない。——そういう批判に対して朴氏からは、自分は韓国人で女性である、それでは不十分だというのか、という趣旨の、理屈に合わない反駁しか返ってきません。私からの返答は、それだけでは不十分だということです。「同じ韓国人」の中に被害者もいれば、限りなく加害者に近い存在もあります。「同じ女性」についても同様です。そのことをきちんと見分けずに、「同じ韓国人女性」という表象を便宜的に使い分けてはならないのです。

このことは、この種の議論がたえず陥る罠のようなものです。罠と言っても理性的に考えることさえできればわかりやすい罠なのですが。つまり、個々の被害者の意向を汲み取って加害国側に要求し、加害国側から補償があった場合に、それを被害に応じて分配する、そういう装置は、市民団体が十全にその役割を果たせる状況になれば別ですが、いまのところ国家や政府が代行するほかない。だから、これは外形上、国と国との交渉や和解という形式をとることになる。しかし、原理原則上、国家はあくまでも被害者の要求を代弁する役割を負っているのであり、その逆ではありません。国家間の外交的・政治的な和解のために被害者が存在するのではないのです。

朴氏の議論にはその点の認識が欠けていると言わざるを得ません。加害者と被害者との和解は、本来加害国政府と被害国政府との和解とは次元の異なることであり、国家間の和解イコール加害者被害者間の和解ではありません。本当の和解は、後者であることもまた言うまでもありません。

高橋　国家同士の和解、国家を主語として、国民という一つの集団を主語として語られる和解には、その下で切り捨てられたり、サクリファイス（犠牲）の構造によって排除される人たちが出てくる。そこには法権力の暴力があります。そういうことがあるからこそ、法的政治的な決定はつねに監視され、批判され、見直されなければいけないわけですが、しかし同時にまた、現代世界において国家や国民という単位で法的政治的な決定が行なわれている限りにおいては、国家国民単位での政治的な解決自体を否定することもできないんですね。だからこそ、その解決を可能な限り被害者が納得するものに近づけていくことが求められている。

デリダが言っているのは、どんなに被害者が納得するものに近づけていっても、完璧な解決というものはなく、法的政治的な決定は必ずどこかに暴力を含んでいる、しかしどこかで決定・決断をしなければいけない、決定・決断しなければ正義はない。それが「決定不可能な中での決定」ということでしょう。ところがまた、ひとたび決定・決断がなされたら、その正義は一つの法として状況を支配してしまう。その下でなお傷ついたり、犠牲にされた人たちがいるので、その法をたえず修正していかなければいけない、つまり繰り返し決定・決断をしていかなければならない――これがデリダの言う「法の脱構築」だと思います。

徐　「慰安婦」問題で決定する際に考えなければならないことは二つあります。

一つは、こういう極限に近いような人権侵害を経験した人たちを誰が代表できるかという問題。政府であれ、なんらかの団体であれ、極限に近い倫理的な問い——自分はこの人たちを果たして代弁できるのか／していいのか——にさらされます。そのつもりでやっていても、そうではないという被害者たちの抗議の声とか、あからさまな声でなくても何か不満げな沈黙といったことに最大限敏感であることを要求されているということです。

もう一つは、加害者を、加害国の側の誰かが代表しなければならない場合、誰の、何の利害を守ろうとするのか、つまり、加害者側の責任を可能な限り軽減することが自分たちの使命なのかということが問題です。そこに国家だけが出てくると、国民多数の喜ぶような決定——加害責任をできるだけ軽減する方向に流れる。そうじゃなくて、被害者あるいはそれを代表している相手国との良好な関係がゴールであるならば、それを最大限斟酌するような代表性が求められる。そういうことを全部省略して、国益論的な議論のみ推し進められるわけですね。

国益論の上位に、最大限に問い直され、深められなければならないある種の倫理的尺度があるべきで、しかもそれが自律的なものでなければいけない。つまり、お金を受け取ってくれたんだから解決したんだとか、相手が文句言わなくなったから解決したんだという種類のことではない。深く自分に問うた時に、死んだ人の声とか、なんらかの事情でお金を受け取らざるを得なかった人、疲れ果てて首を縦に振った人のまなざしと向き合って、これでいいんだろうかという問いかけが自分自身にならなければいけない種類のことだと思います。それがまた長期的には真の「国益」にもつながるはずです。

高橋　ジェノサイドや戦時性暴力などの深刻な犯罪は、いったんそうしたことが起こってしまったら、取り返しがつかないんですね。その取り返しのつかなさは永遠に続きます。しかしそれでもその中で、可能な限り最善の決断をしていかなくてはなりません。あらゆる法的政治的決定は原理的にやむを得ざる決定であり、不断の批判と見直しを必要としていることを自覚しながらですね。

徐　その成功・失敗という基準ですが、西ドイツのウィリー・ブラントの東方外交によって東西関係が良好化して、それは成功したという言い方はあっていいと思います。現実政治の外交の問題だから。日本は全くそのレベルにもいっていないですが。しかし、それをやった場合でも、高橋さんが言うように、取り返しがつかないけれどここまでしかできないということをやる、やっている側がそれを自覚していないといけない。朴氏の場合は、間違った倫理的装いで、汝の敵を赦すことが美徳だみたいなことを、自分自身が被害者でもないのに被害者に要求し、そしてその人たちが頑固であるために、成功が阻まれているという議論を補強する役割を果たしていて、それを歓迎する日本知識人がいる。実に醜悪な構造ですね。

高橋　ブラントの東方外交の話を聞いて、ドイツの大統領がポーランドやイスラエルの地で「ドイツ国民の名において赦しを請う」という表現を使って謝罪したことを思い出しました。中でも、強制連行・強制労働の戦後補償のための財団「記憶・責任・未来」を作った時のドイツ連邦大統領ヨハネス・ラウ（在任一九九九年七月～二〇〇四年六月）は演説の中で、「財団を作って補償額が決まってほっとしているけれども、戦時中に多くの被害者が亡くなり、戦後半世紀の間にも多数の人が亡くなってしまったことを思えば、すでに取り返しがつかないということを私たちは知っています。問題はお金ではないということも私たちは知っています。もっとも重要なことは、非を非として認めること、不正を不正として認めることなのだと自分たちは承知しています」と述べた上で、「赦しを請う」と。国家元首である大統領が被害者に向かって「赦してください」と言っている。しかも、自分たちはすでに取り返しのつかない誤ちを犯してしまったのであり、どんな補償や謝罪にも限界があるということを自覚しながら、そしてそれを言葉にしながら謝罪と補償をしている。よく考えられたスピーチで感心させられました。

とはいえ、このスピーチもやはり法的政治的次元での行為である以上、完璧な和解を可能にするものではありません。これに対して、被害者を出した国の国家元首が「ありがとう。あなたがそう言うなら赦してあげましょう」などと言ったところで、それはまた法的政治的次元の行為にとどまり、全ての被害者を代表できるものでもなく、「私はそれでも赦せない」という被害者や被害者遺族から見れば、むしろ憤りの対象になってしまうでしょう。そう考えると、誰がどういう言葉で誰に対して謝罪するのか、赦しを請うのか。それは決して単純なことではなく、きわめて重層的で複雑な問題であって、どんなに丁寧に扱っても十分と言えることはないということでしょうね。

リベラル派の頽落《たいらく》

徐　日本帝国が一九四五年に敗戦した後、日本は東西冷戦下でアメリカの核の傘の下にあって、九〇年代初めまで戦争被害者と直接に向かい合うということを回避してきました。

高橋　もちろん在日の人たち、朝鮮人元ＢＣ級戦犯の人たちなど国内からの問いはありましたけど、海外の被害者からそういう問いが突きつけられることはほとんどなかったですね。

徐　それはそれぞれの国で、軍事独裁・開発独裁政権が抑えつけていたということが大きな要因ですが、冷戦崩壊後にパラダイムが変わって、被害者が韓国、フィリピン、インドネシアなどから名乗り出てきた。この事態は、日本国民にとって本当の意味での和解に進んでいくためのチャンスでした。

高橋　おっしゃる通りです。最初にも述べましたが、私も、満身創痍の証人が現れた以上、それまで日本帝国の責任について曖昧にしてきた政府、そして国民も、今度こそは直視せざるを得ないだろうと考えました。すでに取り返しがつかないことではあるけれども、責任を問うということは日本政府と日本人がそれに応じてくるかもしれないと、まだ絶望していないということでもあるんじゃないかと。謝罪や補償の要求に対して責任を果たせば、関係修復が可能だという被害者側からのメッセージとして受けとめたいと思いました。ですので当時、応答責任を果たすことは関係を結び直すチャンスだと肯定的に捉えるべきだと主張しましたが、その後の展開はさきほど議論したとおりで、日本はチャンスを逃してしまった。

徐　もう少し踏み込んで高橋さんの考えをお聞きしたいのですが、今おっしゃったように九〇年代の初めの頃に若干の曙光が見えたのに、いわゆる「地金」の強固な抵抗が現在も続いています。なぜ日本のリベラルな人びとはあのチャンスをつかみ損ねたのか。わかりやすい指標で言うと、九七年の中学校の歴史教科書七社全部に「慰安婦」問題が載りました。その流れが維持されて中学校段階から教えつづけられていれば、現在のような、私たちが学生に教えてもほとんど知識がなく、悪い場合はまちがった知識ばかりを持っているという状況とは異なっていたはずです。九〇年代の前半に被害者が現れて、歴史教育をしろという要求にある程度応えて、中学校歴史教科書にたとえ一、二行でも載るような変化があったのに、それがポキッと折れて踏みとどまることができなかった。その原因とは何だったのでしょうか。

高橋　原因は一つではないでしょうけれど、象徴的だと思うのは、「慰安婦」問題について語られた小林よしのり氏の「じっちゃんを守れ」とか、加藤典洋氏の「汚れた父でも父は父ではないか」といった発言ですね。そういう素朴な実感に訴えるような主張が出てきて、「慰安婦」問題だけでなく帝国日本の加害行為について謝罪し補償すべきだという議論をすると、「自虐史観だ」の一言で片付けられるようになった。この言葉がメディアを通して、さらにインターネットが普及していく中で流行語になり、「売国奴」「国賊」などというレッテルすら貼られるようになった。それをもっと一般化すると、いわゆる「左翼」ですね。「左翼」とレッテルを貼られることをリベラル派知識人は嫌がって恐れた。日本のリベラル派にはそういう面が強くあると思います。私は「おまえは左翼だ」と言われると、いわゆる左翼思想を系統的に学んだ世代ではないので、本当の左翼の人に申しわけないような気持ちになります。要するに人権を主張する、人権を尊重する発想に立つだけで、カタカナで「サヨク」と言われる。

徐　「お前は人権の臭いがする」（中村文則「不惑を前に僕たちは」『朝日新聞』二〇一六年一月八日付）とか言われるようになってしまった。

高橋　そういう意味では「表象の政治」とか「イメージ戦略」といったものも、現代のメディア環境の中では政治的・思想的に無視できない要因になっていますね。「自虐史観だ」とか「サヨクだ」とか言って侮蔑されマイナー化されていく中で、原則的な主張をしていくことに耐えられなくなっていくのでしょう。

徐　歴史的事件の起こるタイミングが日本の右派勢力の追い風になったということが言えますよね。つまり、冷戦構造の崩壊と同時に東アジアに戦争被害者が現れた。だけど、冷戦構造の崩壊は、いわゆる左翼の人たちが自信をまったく喪失する事件でしたから、左翼的な基盤の上に存在していた労働組合、例えば右派が実体以上に敵視している日教組も動揺したために人権教育とか平和教育の取り組みも弱くなってしまった。おそらく人権や平和の問題について、一人ひとりの教員が自らの思想として内面化していなかったからだと思います。

高橋　それはとても大きいと思いますね。冷戦期には、労働組合がいわば「教科書では教えない歴史」を教える役割を果たしていて、若い世代がそこで初めて侵略戦争や植民地支配の歴史を学んだり、憲法平和主義の意味を学んだりしていたけれど、それが単に「自分たちの組織で共有されていること」にとどまっていたら、組織が衰退しても個人として立つということはできなくなってしまう。組織のスローガンや綱領に盲従してしまう日本人の集団主義的な文化が左翼側にも貫徹しているから、組織自体が目標を失ってしまうと個人の中に何も残らないんですね。

徐　冷戦真っ盛りのころ、地域によっては、日教組加入率一〇〇%みたいなところがあって、教員になれば自動的に組合に入る。そこで自分で何か問い詰めて、判断し選択をする機会もないままに、それがまた福利厚生とか研修旅行とか、教研集会に行ったら講師が来て平和教育の話をするとかいろいろな意味での集団主義的な行動の基盤になって維持されてきたものの下に教育があるりました。

その基盤を崩されて、一人ひとりが個人としてたたかっていけるかが問われる局面に入ってくると、例えば日の丸・君が代強制に抵抗する人はきわめて少数になってしまい、むしろクリスチャンの音楽の先生とか、そういう人たちに限られてくる。

高橋　組合はそういう人たちの支援も組織としてしなくなり、冷淡になりました。

徐　私はこの惨憺たる状況というものは、数十年の時差でもって訪れた日本の「敗戦」という局面ではないかと思っています。つまり、四五年の敗戦直後にアメリカに憲法を「押しつけ」られて、戦後レジームが始まった。戦後レジームの中で、天皇制と保守勢力は温存されたけれども、対立軸としての政治勢力（社会党・総評的なもの）も三分の一くらいで維持されてきた。その構造が壊れた時に、革新なら革新として、左翼なら左翼として、どう社会変革、教育をやっていくのかが問われた。本来ならば四五年の敗戦の時にそれが問われなければならなかったのが、ゆがんだ形でずれて訪れてきた。もし、アメリカに憲法を「押しつけ」られなかったら、大体いまのようになっていたかもしれないと、私は思います。

九五年頃に何があったかというと、当時細川政権が登場したりして、五五年体制的な自民党の単独支配も揺らいだけど、社会党・総評グループはそれ以上に弱体化した。進んで解体して連合になり、安保も日の丸・君が代も全部容認する方向に舵を切りました。冷戦イデオロギー時代の対立が終わって、体制化することによって生き延びる道を選んだのです。

その象徴的な現象が、自社さ（自民・社会・さきがけ三党連立）村山政権です。これを非常に大きな達成だったと評価する人もいますが、果たしてそうか？　社会党の村山氏が政権の座についた時、自衛隊の容認、天皇制の容認、米軍基地の容認など、それまで原則とされてきたものを進んで放棄することによって、自社さ政権が成立し、しかも間もなく社会党は解体した。妥協したのに実質的な利益を得ることができず、汚れ仕事だけさせられて捨てられた。そういうところに大きな原因があるわけで、右派は元々強いんだからそれは決定的な理由にはならない。むしろ抵抗すべき人たちが抵抗できなかった、抵抗するという方針を見失ったまま現在に至ったと、私は見ています。

高橋　数十年の時差で露わになった日本の敗戦、ですか。なるほど、言い得て妙ですね。もしアメリカに憲法を「押しつけ」られなかったら、大体いまのようになっていたかもしれないということは、私が考えてきたことで言うと、こういうことにつながるかもしれません。

二〇〇六年春号の『前夜』に「かえりみて羞恥の感なきを……」（資料編二一六ページ参照）という文章を書いたのですが、高見順という左翼でも何でもない作家が、敗戦直後の九月三〇日の日記に書いた文章があります。「これでもう何でも自由に書けるんだ」、「なんでも自由に出版できるんだ」、「生まれて初めての自由なんだ」と喜んでいるのですが、よく考えてみれば簡単には喜べない。「自国の政府により当然国民に与えられるべきであった自由が与えられずに、自国を占領した他国の軍隊によって初めて自由が与えられるとはかえりみて羞恥の感なきを得ない。日本を愛するものとして日本のために恥ずかしい」というわけです。高見順はここで「自国の政府に与えられるべき自由」と書いていますが、私としては「自国の政府に対して自分たちが保障させるべき自由」と言いたいところですね。

同じく敗戦の年に、丸山眞男が有名な「超国家主義の論理と心理」を書いています。中でも有名な一節、「日本軍国主義に終止符が打たれた八・一五の日は、また同時に超国家主義の全体系の基盤たる国体がその絶対性を喪失し、今や初めて自由なる主体となった日本国民にその運命を委ねた日でもあったのである」がありますが、この八・一五に「日本国民が自由なる主体となった」というのは果たして本当なのかという問いが生じてきます。

私は「自由」であれ、「平等」であれ、「人権」であれ、それが奪われていたり否定されている状況で、人びとがそれをどうしても必要だと欲し、権力者に対してそれを認めさせるという形になって、初めてその価値が実感できるのだと思うのです。そういう形で民主主義の憲法が成立すればまさに文字通り立憲主義と言えるのですが、日本国憲法は残念ながらそういう形で成立したものではありません。だから、自分たちがそれを心の底から欲し、自分たちの意思と力で獲得したものなのだと言えるものにするにはどうしたらいいか、要するに、民主主義的諸価値にどのように魂を入れていくか、この根本的な課題がますます大きくなっているように思います。

また、もう少し歴史認識の射程を長くとると、尊敬措く能わざる知識人でデモクラットの加藤周一氏と樋口陽一氏の対談集（『時代を読む―「民族」「人権」再考』小学館、一九九七年）を読んで、ショックを受けたことがあります。二人とも日本が道を誤ったのは満州事変以降だと認識していたからです。満州事変の頃には日本はとうに植民地帝国になっていたにもかかわらず。つまり、そうするとどうなるかと言うと、戦後民主主義を代表するリベラル派の知識人の歴史認識と、安倍晋三首相の戦後七〇年談話（資料編二四四ページ参照）の歴史認識がある意味でつながってしまうんですね。

徐　「日本的普遍主義」（後述）っていうのかな、天皇中心の疑似普遍主義が大東亜共栄圏を構想し、それを京都学派[註7]がいろいろな形で補強して相当広い知識人層に共有された。それが戦後になって、天皇中心の疑似普遍主義を根本的に問い直さずに、「十五年戦争史観」とか「狂信的軍部の暴走」という構図の中に安住してしまいました。

高橋　その「十五年戦争史観」ですら、たどり着くまでにずいぶん時間がかかりましたね。

徐　安倍談話は、日露戦争はいい戦争だった、欧米列強の帝国主義に抵抗した戦争で、それを喜んでくれた世界の人びともいた、間違ったのは世界恐慌の中でブロック経済圏を作ろうとして引き起こした満州事変以降のことだという図式です。この認識は日本社会で広く共有されていました。しかし、本来ならば、一九四五年の敗戦を機に、明治維新以来、北海道に旧士族（屯田兵）を送って開発し、琉球処分を行なう、そして台湾・朝鮮へと版図を広げていく歴史を反植民地主義的な視点から捉えて問題を設定しなければならなかった。そのことに失敗した結果、現在の状況があり、安倍談話が生み出されたと見ています。

「権力的沈黙」ということ

徐　高橋さんは『前夜』に、「カ、ル試練ナクシテハ……」（『前夜』二〇〇五年春号、資料編二一九ページ参照）とか「敵は幾万ありとても……」（『前夜』二〇〇六年夏号、資料編二二二ページ参照）、「高野山のチョウ・ムンサン」（『前夜』二〇〇六年冬号、資料編二二六ページ参照）などたいへん印象に残る短い文章を書いておられます。

その中で私が特に注目したいのは、「デリダと犠牲《サクリファイス》への問い」（『前夜』二〇〇五年春冬号、資料編二三四ページ参照）なんです。要するに人間がやらなきゃならないミッション、責任というものは無数にある。無数にある責任の中から、どの責任を選ぶかを決断しなければならない。そのためには何かを犠牲＝サクリファイスしなければならないわけです。

まずデリダの文章の引用から――

「……文明社会が創設し支配している市場の構造と諸法則ゆえに、対外債務のメカニズムとそれに似た多くの非対称関係ゆえに、同じその〝社会〟が、数億人もの子どもたち（倫理学や人権の言説が語る隣人であったり、同胞であったりする）を飢餓や病気で死亡させる、あるいは……死亡するにまかせているが、道徳上・法律上のどんな法廷も、この犠牲——自己自身を犠牲にしないための他者の犠牲——について審判できない、という事実によって。」（ジャック・デリダ『死を与える』）

高橋さんはこれを極めて切実に受け取っておられるようで、まさしく破局〝前夜〟のような時期に、自分自身に言い聞かせていたんじゃなかろうか、と思うんですね。実際、高橋さんは専門研究者・教育者としてやりたいこともたくさんあり、家庭人として担わなければならない責任もあるし、それからさまざまな社会運動もある。その社会運動なんかにあえて関与せずに暮らしている人たち、昔の言葉で「象牙の塔の住人」と言われる人たちはむしろアカデミズムの世界では多数派で、社会運動にコミットする人間をあざ笑うような空気がある中で、軽い気持ちで書けない文章だなと思いました。

私からの質問は二つで、「デリダと犠牲《サクリファイス》への問い」という文章で読者に伝えたかったことをもう一度、高橋さんから聞きたい、そして、これを書いた時の心境についてうかがいたいです。

高橋　これは確かにちょっと苦しい文章でしたね。デリダの『死を与える』という有名なテクストの一部を引いているんですけれども、ここで「犠牲」と言っているのは「サクリファイス(sacrifice)」で、ヨーロッパの思想史の中で重い意味をもって使われてきた言葉です。この言葉を、日本の文脈で、あるいは私自身の文脈でどこまで使っていいのかを考えながら書きました。

これは言いかえれば責任論なんですね。徐さんがいまおっしゃったように、私たちは途方もなく複雑な社会関係の中に生きていて、無意識に加害者になっているかもしれない問題が無数にある。そして、直接に関係していないように見える遠くの事象であっても、たとえば、報道やネット上のニュースでそれを知ってしまった時に、それに対して無関心でいていいのか、何もしないでいていいのかということです。

私は『戦後責任論』の中で「応答責任」という概念を導入したのですけれども、知ってしまったら応答する責任が生ずるだろうと。応答可能（responsible）である以上、応答するかしないかが問われているだろうと。しかし、すべてに応答することができないのは明白です。私たちはみな有限な存在なので、すべてに応答することができないだけでなく、ほとんどのことには応答することができないわけです。そこで、優先順位を決めなければいけない。つまり、選択することを余儀なくされるわけです。そしてその時、どの呼びかけに応じ、どの呼びかけに応じないかの選択についても、その責任が問われるでしょう。たしかに、法的な責任に問われることはめったにない。しかし、「なぜあなたはAの呼びかけには応えるのに、Bの呼びかけには応えないのか」

という倫理的、社会的な批判を受けることはありうる。それは倫理的・社会的責任の問題ですが、ある時はそれが政治的な次元にかかわり、政治的責任の問題になることもある。私は当時、ある問題にコミットすることで別の問題にコミットできなくなることの意味を書いておきたい、と思ったのです。Aの呼びかけに応えることでBの呼びかけに応えられなくなることもある、しかしその場合でもBに応えなければならないという状況は変わらないのであって、Aの呼びかけに応えることはBの呼びかけに応えられないことを正当化するわけでは決してない、というようなことです。

これはすでに別の本（高史明・高橋哲哉対談集『いのちと責任』、大月書店、二〇一二年）でも触れたことなのですが、この文章を書いた当時、私にとって重かったのは、私の長女が統合失調症を発症して間もない頃で、一時は社会的な言論活動だけでなく大学も辞めるべきではないかと真剣に悩んでいました。大学での公務、研究と教育、そして社会的な責任を負った活動をしていれば、どうしても家庭の方がおろそかになってしまう。そういう時に、自分が何を選択し、何にコミットしていくべきなのか、ある選択をしてコミットすれば他のことには十分な力を割くことができなくなるけれども、そこでも自分は問われ続けていることを忘れてはいけない——そんな問題意識がありました。

前に述べた「ジャッジメント」の問題にもかかわることですね。例えば、ある政治的な決定をする場合、さまざまな利害が交錯し、リベラルな社会においては人びとの意見が多様である現実の中で、少なくとも民主主義のシステムであれば、多数決に訴えないことは困難です。しかし多数決によって決定するということは少数派の意見が切り捨てられることですから、これ自体、一つの犠牲《サクリファイス》の構造なんです。だからその場合、多数決で決定せざるを得ないと同時に、少数意見も尊重しなければならない。少数意見を切り捨てるのではなく、絶えずそこから問われていることを考慮しつつ、下した決定を繰り返し吟味して、問い直していかなければいけない。

つまり、「ジャッジメント」には不可避的に暴力的な側面があることを忘れることなく、切り捨ててしまったあらゆる声に応答する態勢をとっていなければいけない。これは、歴史の見直しということにも言えることですけれどもね。

徐　あえてお尋ねします。無数の選択、無数の責任に取り巻かれる中で、ある選択をする時に自分のジャッジメントが働いたり、優先順位があったりするわけですよね。そういう時に例えば、他人の子どもよりも自分の子どもの方が優先だとか、外国人よりも自国民が優先なのは当たり前だろうというような俗な議論ではない、優先順位の尺度があるはずなんです。また、出合ったものに対して応答責任を感じるという議論の場合、出合わなければ感じないのか、出合ったものだけにしか感じなくていいのか、出合うということをすでに選択した結果、出合っているんじゃないかという疑問が出てきます。

もう一つ、それを選択している自己という主体について、その中には国民的アイデンティティもあれば、ジェンダー的、階層、出身地などいろいろなアイデンティティがある。それを一辺倒に「自己」なんか存在しないのだ、「正義」なんかないんだというレトリックだけが、九〇年代における日本のポストモダン思想として消費されてきたと思うんです。だから、何も選択しないという選択、その人間にとっては「自己保身」という選択なんだけど、それ自身、ポストモダン的に正当化されるような修辞が成立したわけです。そういう状況の中で、選択する自分というのは何なのか、そういう主体というのはあるのかということも含めて、わかりやすく教えてください。

高橋　沖縄に対する植民地主義の問題をめぐって、野村浩也氏が『無意識の植民地主義』（御茶の水書房、二〇〇五年）を著して、その中で「権力的沈黙」という概念を提起しています。自分自身のポジショナリティ（政治的・権力的位置）が優位にある者、植民地支配であれば植民者側にいる人間は、被植民者から投げかけられた問いかけ・批判・告発に対して、沈黙を守るだけで自分の既得権益を維持することができるということです。この「権力的沈黙」が戦後の日本社会に深く浸透してしまったと思います。

例えば、『ミュージックボックス』（コスタ＝ガヴラス監督、一九八九年）という映画は徐さんもご存知ですよね。主人公は女性弁護士で、戦後ヨーロッパからアメリカに渡ってきた父親にユダヤ人虐殺にかかわった嫌疑がかかり、彼女はそれを調べていく。そしてその嫌疑が晴れたと思った直後に、実はそうではなかったことが判明する。彼女はその時、自分の父親を告発するかどうかというのっぴきならない選択を迫られるのですが、父親を告発するという決断をする。この時、彼女の中に働いていたジャッジメントの根拠は何なのか、ということになりますね。

直感的に言えば、ハンナ・アーレントであれば、自分が他者の立場に立って考えた時に、それでもその判断を受け入れることができるかどうか。これはカントで言えば「普遍化可能性」ということですが、単に一般化できるかどうかというだけではなく、自分が優位のポジショナリティ、政治的・権力的位置にあるのではなくて、逆に弱い立場に置かれた者や被害者の側にいたとして、それでも今の自分の判断を受け入れることができるかどうかを考える。そのような作業によって、自己保身のためになしがちな自分の判断を相対化してみる。そういう意味では、正義という観念の核心にあるのはやはり「他者との関係」ではないかと思いますね。

「慰安婦」問題についてであれば、自分が被害者であったとして、たしかにそういう想像をすることはとても難しいことだとしても、それでも自分の尊厳が徹底的に踏みにじられるような人権侵害の被害者になった自分を可能な限り想像する作業をしてみて、それでもこの加害者の判断を受け入れることができるかどうか。自分が被害者の親族・遺族、あるいは同胞であったとして、それでも日本政府のこの対応を受け入れることができるかどうか。また、沖縄の基地問題であれば、自分がウチナーンチュ（沖縄人）であったとして、現在の政府の基地政策や安保を支持する日本国民の判断を受け入れることができるかどうか。できないとすれば、今の自分自身の判断を相対化してみなければならない、ということになるでしょう。

徐　つまり、黙っていても自分は失うものがないという人たちが黙っている。謙虚な身振りの暴力――「俺なんてそんなこと、ものを言う資格はないよ」とか「俺はそんなこと見識ないからダメだよ」「代わりに言ってくださいよ」とかね。ジェンダーで言えば家父長的な男権的発想、自己保身の暴力がそういう構造の中にいつもある。

こういう時に倫理学や哲学はその役割を果たせるのでしょうか。沈黙の暴力の中に安住する人たちに対して、行動を促す、覚醒を促すことは可能なのでしょうか。高橋さんも「私は研究一筋で他のことはわかりません」といって沈黙の暴力の側に身を置くことだって選択できたはずです。ある少数の人たちはそうしない、大多数の人たちはそこに立てこもる――この差は何から来るのでしょうか。

なぜこんな根源的な問いを考えたいかというと、いま、「慰安婦」問題とか沖縄の基地問題などが議論されている時に、簡単に言うと、九〇年代以前は二分法的なイデオロギーの世界だった。それが脱構築された九〇年代以降、根本にあるものまで脱構築されてしまって、いわばレトリックだけが流通する〝空中戦〟になった。レトリックだけが流通すると、現状を保持したいと思っている人間にとってはいつでも有利なわけです。正義を求める人たちに対して、そのレトリックを活用して正義なんかないんだよっていうことが言えるから。

これは「慰安婦」問題や沖縄の基地問題といった個別の問題だけではなく、冷戦構造崩壊以降の日本の大きな思想的課題だったはずです。その二十数年間の結果、現在を見ると、とても荒涼とした、とても寒心に堪えない議論しかない。それに対して鋭く介入して、局面を変えるような力が私にはないから、こういう問いを繰り返し発するしかないのですが……。

高橋　そうですね。徐さんがおっしゃるような違いはどこから来るのか。

十分な知識があるのに問題から逃げる人もいれば、十分な知識をもたないために逃げる人もいる。知識や情報の量によって決まるわけではないですね。

世間一般的にはそのあたり、漠然と「責任感」が強い弱いの違いだなどと言って片付けてしまいがちですが、じゃあ「責任感」の強い弱いはどこから来るのかと言ったら説明は難しい。

私はそこは、個々人で素質や経験や環境や歴史などみな異なるわけですし、あまりにも多くの要素が介入した結果として違いが出てくるので、結局説明はできないし、できなくてよいのではないかと思います。逆に、説明ができてしまう方が怖い感じがする。個々人がそれぞれ置かれた状況、条件の中から、どのように応答し、ジャッジメントするのか。そうした応答責任の果たし方、ジャッジする責任の果たし方がまた、他人から見たときのその人の個性とかパーソナリティを作っていく。ちょうどアーレントが「労働」や「制作」から区別した「活動」（アクション）にあたるものが、そこにはあるように思います。

『帝国の慰安婦』と日本リベラル派知識人

徐　朴裕河氏の『帝国の慰安婦』（朝日新聞出版、二〇一四年）を、高橋さんはどう読まれましたか。

高橋　朴氏の基本的スタンスは『和解のために』ですでに出ていたわけですが、この本では「慰安婦」問題に絞って氏の考え方を全面展開していますね。主要な論点として、朝鮮人業者の責任を強調し、日本軍ないし日本国の法的責任は問えないとする立場を明確にしていますが、私は説得されませんでした。「慰安婦」募集にかかわった朝鮮人業者に責任があるとしても、そもそも「慰安所」を必要とし、設営し、「慰安婦」を集める決定をし、組織的な性的搾取を行なった主体は日本軍なのですから、後者の根本的な責任を曖昧にするような議論は容認できません。韓国と日本での「慰安婦」問題に対するイメージ、また「慰安婦」そのもののイメージを解体したいという意図が強く出ていますが、肝心の論証がいかにも弱い。すでに細部にわたって多くの反論が出ており、私はそちらの方に説得力を感じます。

徐　この本の最大の論点である「朝鮮人業者の責任」について、日本帝国にはそういう需要を創り出した責任はあるけれども、実際に連行した犯罪の責任は業者にあると言います。戦争や植民地支配というものの構造を捉えていないか、あるいはあえて目をそらそうとしている言説だと思うし、需要を創り出したことにだけ責任があるという表現自体が果たして許されるのか。非常に強い抵抗を覚えます。

朴氏は、戦争とか植民地支配そのものの罪については問わないように議論を構成しようとしていて、「慰安婦」犯罪というものを実際に女性をひきずっていった人間の責任とし、そのひきずった人間は業者であるとし、ひきずっていった場合もそれは暴力沙汰ではなくて連れて行ったとし、そこには人身売買もあったというふうに、どんどん薄めていきます。特徴的なのは、いろいろなことを言っているけれど、「とはいえ」以下にいつも朴氏の言いたいこと、つまり、戦争とか植民地支配そのものの罪については問わない主張が繰り返されます。

もう一つ、「慰安婦」と日本軍兵士との間に「同志的関係」があったという表現があります。辞書的な理解ではこれは志を同じくする関係を指します。植民地臣民の中には自発的に帝国支配層に協力する人もいます。それを「同志」と言えるか、まして最底辺に置かれた「慰安婦」女性が日本軍兵士と「同志」だったと言えるかということです。同志だと思い込む場合、錯覚する場合、幻想を抱く場合というような厳密な話にはなっていない。「そこには恋愛的な場面もあった」という表現もしていますが、そんなこと当たり前です。歌舞伎の遊廓《くるわ》話なんかほとんどが遊女と客の恋愛が定番の話でしょう。かごの鳥にされているからそういう心情になるのだから。それがその制度を正当化する理由にはなり得ないわけです。

この「同志的関係」と類似する表現でいうと、日本軍兵士にとって「慰安婦」たちの存在は疑似家庭で、兵士たちの「故郷」として慰めを与える存在だったという文章もあります。和装をして、片言でも日本語をしゃべり、日本名で源氏名を名乗り、そのことを喜んでいた「慰安婦」もいたという話になっている。これは全然珍しい話じゃなくて、私の母親は一九二二年生まれで、食い詰めた父親に連れられて日本に渡ってきた。子守奉公をさせられた家で、雇い主に「しずこ」という日本名を付けられました。母の妹は「やすこ」でした。後に創氏改名で戸籍に名前を書けと言われて、その名前を記入した。中にはそういうことを喜んだ朝鮮人もいたでしょう。母親の回想にも、五歳の頃に日本という遠いところに行くんだと、「そこはどこ?」と訊いたら、「電気がついてぴかぴか明るいところで華やかなところなんだ」と言われた。電気もない村で生まれ育った母は期待するわけです。来てみたら差別もあるし、過酷な労働もあるけど、おいしいものも食べられたりもする。これが植民地臣民というものです。そういうリアリティというのは韓国の人の中に生きているわけですよ。

例えば、金大中《キムデジュン》大統領は植民地時代は「豊田」という姓でした。大統領になった時、植民地時代の小学校の教師がまだ生きていて、国際電話をかけて「先生、先生、私、大統領になりました！」と言ったら、その先生は「おう、豊田か、おめでとう」と言ったという。そういう経験ですよ。そういう複雑な屈辱感というものが、大統領から一般市民まで刻まれている社会です。日本名の源氏名を名乗っていたから同志だったとかいう言説はとんでもない話ですよ。もしこれを書くんだったら、そういう心理を丁寧に論じて、それを内面化させてしまった権力を問題にしなければならない。

ところが、日本ではそういう歴史認識は断絶しているから、自発的な選択によって日本名を名乗った、進んで日本人を演じたとか言われたりすると、なんとなく新しいことを言われた気になってしまうのでしょう。正直、論外な話であり、侮辱でしかないと思います。

高橋　この「同志的関係」に関連するものとして、「日本軍の兵士も赤紙一枚で戦場に連れて行かれた被害者だった。本質的には慰安婦と変わらない」という表現があります。しかし、「慰安所」での日本軍兵士と「慰安婦」との関係にしても、その背後にある植民地宗主国・日本と植民地・朝鮮との関係にしても、そこには厳然とポジショナリティ（政治的権力的な位置）の違いがあるわけで、それを「本質的には変わらない」と言って消去できるのか。直視しなければいけないのは、権力を握っている男性が女性を一方的に性的搾取の対象にするということの犯罪性です。そして、そういうシステムを作った側の責任です。そうしたものが「同志的関係」や「恋愛」によって曖昧にされている。何が問題になっているかということが、すり替えられていくような印象です。

この本の論証の手法については、鄭栄桓《チョンヨンファン》氏や金富子《キムプジャ》氏らの詳細な批判がありますが、私も鄭氏の『忘却のための「和解」―『帝国の慰安婦』と日本の責任』（世織書房、二〇一六年）を読んで、自分の疑問がそうとう整理されたと思います。これだけさまざまな論証の問題点を指摘される著書に対して、日本のリベラル派と言われる言論人、知識人たちが口をそろえて高い評価を与えているという、この事態そのものが解釈されるべき問題ではないかと思いますね。

徐 吉見義明、前田朗、林博史、小野沢あかね、金富子、鄭栄桓など各氏の批判によって議論は尽きていると思います。東京大学で開かれたシンポジウムの記録〈註8〉を見ると、朴氏の言説を批判している側の論点について、肯定する側からの反論は何一つないわけですから、論点そのものについては反論できないのだろうと思うんです。本人もその周りもね。だから、そういう批判に対して、朴氏は必要に応じて、「自分は文学研究者であり、あなたがたは歴史実証研究者である」と反論したりします。自分への批判に対し、「歴史研究者たちによくみられる「小説」軽視の態度をあらわにしている」などと反駁するのです。こうして、朴氏は歴史研究対文学研究という図式をつくって自らを擁護しようとしますが、これはそういう図式の対立ではありません。朴氏を批判する人たちは日本人男性による小説などを史料として用いてはならないと言っているのではなく、朴氏の解釈があまりにも恣意的で独善的であると批判しているのです。論証が厳密でなければならないのは、歴史研究であろうが文学研究であろうが違いはありません。他者の名誉にかかわるような場合はとくにそうでしょう。私は、朴氏が文学研究者であるという立場を自己弁明のために鵺的に利用しているとみています。

高橋　批判を受けている論点に関してきちんとした応答があれば議論になるのですがね。

徐　エドワード・W・サイードが『知識人とは何か』（平凡社ライブラリー）で説いた「アマチュアリズム」とは、論証のレベルで劣っていてもよいとか、いい加減でよいとかいう話ではなくて、権力化したプロフェッショナリズムに対してアマチュアの立場からたたかうということを言っています。ところが朴氏は、検証が厳密ではないという批判に対して、自分は歴史研究のアマチュアであるため迫害されているという身ぶりをとる。

モラルの問題

徐　この問題は国家による言論弾圧か否か、これは歴史研究か文学研究かという議論に断片化されて、それを消耗していくという構図になってしまっていますが、本質的にはモラルの問題だと私は思っています。被害者にも悪い奴がいたよねと言われてそうだそうだとうなずいてしまう自分が恥ずかしいと思えるかどうか。そうなってしまった理由について、高橋さんはどう考えますか。

高橋　『帝国の慰安婦』という書名は、朝鮮は帝国日本の植民地であったから朝鮮人「慰安婦」

は帝国の側の存在であって、占領地や敵国の女性が「慰安婦」にされたのとは異なるのだということを強調していますね。日本のリベラル派知識人はそれを、植民地のこれまで語られてこなかった実態を明らかにしたと肯定的に評価した。

本当にそうか? この本で新たに明らかにされたことがどれだけあるのかは疑問です。たとえば、未成年の少女が多かったというのは「モデル被害者」がねつ造されたためだというけれども、日本は未成年者の雇用を禁止した就業規則を植民地に適用しなかったので、その結果、植民地出身の「慰安婦」には未成年が多かったのだという認識は、すでに確立されていましたよね。『帝国の慰安婦』にはこうした植民地認識が逆に欠けているのではないかと批判されています。

繰り返しになりますが、日本軍が「慰安所」制度を必要とし、それを設営し、業者を通じてであってもさまざまな形で「慰安婦」を連れてきて、組織的に性的搾取を行なったという事実。このシステムの犯罪性こそ問われており、それについてのジャッジメントが求められているにもかかわらず、その点を曖昧にする議論が歓迎されたのは、結局、法的責任をあくまで追及しようという被害者や支援団体に対して、「それは過剰な要求だ」という受けとめ方が日本のリベラル派知識人の中にもあった。いつまでも和解に応じず、どこまでもそれを追及されることに対する忌避感があった。だから、そういう要求には根拠がないということを韓国側から示してくれた研究として、これが歓迎されたのでしょうね。

とりわけ支援団体の挺対協の運動について、それが元「慰安婦」の人たちを独占する形で、被害者本人たちを代弁して、要求をつり上げて、彼女たちの真の声を抑圧して、ナショナリスティックな政治的要求を繰り返してきたと。だからいつまで経っても和解できないんだという、朴裕河氏の挺対協批判に共鳴していることが目に付きます。

徐　この挺対協批判の中にある一種のバイアスについてですが、仮に朴氏の批判が妥当なものだとしたら、それを向けるべき対象は韓国の家父長制的で国粋主義的な運動体とか個人なんです。そういう人たちがいるのは事実です。しかし朴氏は、国粋主義的な団体も挺対協もごっちゃにしながら、一体的な韓国人というイメージを作って日本人に提供している。すでに主語の話をしましたが、いつでも「韓国は」という、その内部に存在している対立関係、矛盾関係、後進的な要素と先進的な要素というようなものを無化しながら一体的なものとして叙述している。その一体的なものは、日本の多くの人が持っているバイアスに相応している。それは彼女自身のバイアスかもしれないし、あるいは計算してそれを商品化しているかもしれません。

高橋さんとの前の対談本で、一九九一年に金学順《キムハクスン》さんが名乗り出た時、私は酸っぱいものを含んだような気持ちを抱えていて、それは、ここまでしなければならないのか、被害者が身をさらして語らなければ耳を傾けないのか、私たちはそこまで無力なのかという思いだと話しました。そして私の中にあった、被害者は自ら顔を出して語ることはない、語ってはならないはずだというような根拠のない先入観は、むしろ彼女らの主体を黙殺する、無視するそういうものであったかもしれないという反省を述べました。

日本では、そんな人たちが名乗り出て告発するはずはない、だから挺対協であれナヌムの家であれ、運動体が被害者を利用して操縦しているんだというような言説が説得力を持ってしまう。しかし現実には挺対協などの運動体の努力がなかったら問題はここまで解明されなかったし、挺対協がなぜがんばれたかというと、被害者の全員じゃないにしろ相当数の人たちが主体となって一緒になってたたかったからですよ。彼女らが用いる語彙とかレトリックは洗練されたものではないけれど、明らかに主体として発言している。

だから、「言わされているに違いないんだ」と言い続けることは端的に暴力といえます。そういうことがある程度通用してしまう日本は、民族差別とか蔑視観と合わせて、女性差別的な発想がリベラル派の中にも共有されていて、この種の出来事の被害者が自ら名乗り出てたたかうなんてことはほとんどあり得ないんだという誤った思い込みがあるんじゃないでしょうか。

高橋　朴裕河氏が元「慰安婦」の人たちから名誉毀損で訴えられ、韓国の検察が朴氏を在宅起訴した件ですが、これについて日本では研究者や作家など五四人が抗議声明を出しました。（註9）私も知り合いの二人の研究者から名を連ねるように誘われたのですが、抗議声明の文章を見ると、『帝国の慰安婦』について、「同書の日本版はこの秋、日本で「アジア太平洋賞」の特別賞と、「石橋

湛山記念　早稲田ジャーナリズム大賞」を相次いで受賞しました。それはまさに「慰安婦問題」をめぐる議論の深化に、新たな一歩を踏み出したことが高く評価されたからです」とありました。すると、この抗議声明に賛同することは、自動的にこの評価を支持することになってしまう。私の評価は違うわけですから、研究者としてそれはできません。また、この声明文は検察による起訴について公権力による言論の自由の圧迫だと批判しているのですが、その起訴が元「慰安婦」の人たちの告訴を受けて行なわれたことには触れていません。この二つの理由を記して、賛同についてはお断りしました。

二人のうちのお一人からは、「言論弾圧に加担することになる。それでもいいのか」と言われました。私も裁判の場で著作が裁かれることに対しては違和感がないわけではありませんし、最初に述べたように朴氏とは個人的に何度も話した間ですので、最悪の事態にならないように願いましたが、仮に自分の著作がある人びとの名誉を図らずも毀損してしまって、その人たちから法制度に従って告発され、起訴されたら、これを言論弾圧だと言って非難するわけにはいかないと考えました。

徐　韓国でも国家による人権弾圧だという側面を強調する人たちがいます。軍事政権時代に朴正熙大統領に言論弾圧された人たちの中に、朴裕河氏に賛同する人たちがいるのは、一種のねじれですね。

ポストコロニアル研究を問う

高橋　『帝国の慰安婦』の評価をめぐって、同じ側にいる、あるいは近い側にいると思っていた人たちとの間に亀裂が見えてきてしまった感があります。たとえば、今の朴裕河氏のスタンスを、政治学者の杉田敦氏がハンナ・アーレントになぞらえていますね。〈註10〉ユダヤ人であるハンナ・アーレントがアイヒマン裁判に際して、ユダヤ人評議会などナチスに協力した部分を暴き出してユダヤ人共同体からバッシングを受けた事例などを、朴氏の韓国における状況に重ね合わせているのだろうと思います。

しかし、一つはっきりしているのは、アーレントはアイヒマンを裁くこと、そしてアイヒマンを死刑にすることにも賛同していることです。ナチスの犯罪や体制についても、そしてアイヒマンの行為についてもはっきりとジャッジメントしているわけです。一方、朴氏の方は、むしろ日本の法的責任を回避する方向の議論を立てています。これを重ね合わせるのは無理ではないでしょうか。

四方田犬彦氏の文章〈註11〉（「四方田犬彦、朴裕河を弁護する」二〇一六年八月二四日）も読みましたが、サイードを引いて朴裕河氏を擁護しています。朴氏の言説について専門外のアマチュアの論議として馬鹿にするのはおかしいという文脈で、さきほど徐さんが触れたサイードの「アマチュアリズム」論を引いているのですが、サイードはパレスチナの知識人として、自らが属する共同体ないし民族の経験を普遍的なものとして訴えて、不正に対してははっきりと不正と指摘するのが知識人の役割だと言っていました。だからサイードはイスラエルのパレスチナ人に対する迫害について一貫して批判する立場に立ち、アメリカに対してもそうでした。朴氏を擁護するためにここでサイードを持ち出すことには違和感がありますね。

徐　四方田氏はポストコロニアル研究者であると同時に韓国通でもあって、在日朝鮮人についてもよく知っていると自認している人です。サイードをめぐる言説については、サイード批判の急先鋒は在米ユダヤ人であって、イスラエルのユダヤ人はそれほどでもないのだと、自分がイスラエルに行っていたからわかるんだということを書いて、これを「在日朝鮮人で男」である私や鄭栄桓《チョンヨンファン》氏が朴氏批判の急先鋒に立っているという構図に置き換えます。在日朝鮮人は本国から離れたところにいて、観念論的な、教条的な遠隔地ナショナリズムというものに陥りがちなんだというのです。それはまったく不当な話なので、日本人にきちんと批判してほしいと思います。在日朝鮮人のほとんどはこの問題に知識や関心がないし、残念ながら実際には私たちみたいな少数の在日朝鮮人が発言しているだけです。また、朴氏を批判している在日朝鮮人には「男」ではない梁澄子《ヤンチンジャ》氏や宋連玉《ソンヨンノク》氏もいる。

杉田氏の場合は、私が法政大学の非常勤を辞めた時に同僚たちが送別会をやってくれて、そこで話をしたことがあります。その時、「徐さん、民族・国家みたいな観念は古いから捨てた方がいいよ」と言われました。

高橋　うーん、日本人が在日朝鮮人の人に言えることかな、という気がしますね。ポストモダニズムをくぐった日本の知識人には、民族や国家を簡単に「超える」ことができるかのように語る人が多い。でも、国家を「観念」として捨てられるように思ったとしても、現実に国家を捨てられるかと言えばそんなに甘くない。頻繁に国際シンポジウムに参加して「国境を超えた」知識人として活動しているつもりの人でも、日本政府発行のパスポートに守られて移動しているわけですし、「国家を超える」主張をしている当人がちゃっかり国立大学の教員だったりするのは珍しくありません。

徐　私もできることなら国家や民族なんて捨てたいのですがね。私の方から国家や民族といったものにかじりついているのではなくて、国家間による支配・被支配関係とか、植民地主義がある以上はそれを捨てることができないのです。それを捨てることができるように、あなた方マジョリティがしないといけないんだと言ったんだけれど、話が通じなかった。だから、ナショナリズムに抵抗している人という誤った親近感を朴裕河氏に抱いているのかもしれない。それは杉田氏に限らず、日本の戦後リベラリズムの中にある一つの重大な弱点であると思っています。

そういう中で高橋さんのような存在は例外的で、「沖縄独立みたいなことに、なぜお前は共感しているのか」とか「そんなのナショナリズムでしょ」と批判されています。「ナショナリズムでしょ」と言ったって、何も解決しないわけです。ナショナリズムに賛成しているのではなく、ナショナリズムという形を取って表現される解放への要求を支持しているのですが、それが区別できていない。なぜなら、学問世界の中でナショナリズムと無縁な、あるいは可能な限り距離を置く言説を取ることによって自分自身を反ナショナリストとして承認したり、正当化したりする世界を築いているからです。

私の考えでは、エドワード・サイードの例を見ても明らかなように、ポストコロニアル研究は本来、植民地主義批判とは互いに対立し排除し合うような関係ではありません。しかし、日本の場合はどうでしょう？　自国・自民族による植民地主義を批判しないままでポストコロニアル研究が成り立つでしょうか？　植民地主義批判という意識が薄弱であったり、欠落したりしているポストコロニアル研究は、たんに「知的流行」の域を脱することができず、悪い場合には意図せざる国家との共犯関係を形成することにもなりかねません。朝鮮の統一運動や沖縄の反基地闘争など、総じて第三世界の民族解放運動を「ナショナリズム」と名指すことにのみ自足して、自国のナショナリズムを克服することへの関心は希薄であるように思われます。

私が朴裕河氏をもてはやす日本知識人の言説に感じる違和感はこれです。いま植民地支配の時代を真に終わらせるための最優先の課題とされるべきは、国家間の和解ではなく、両民族の人間同士が連帯して、加害国家に法的責任を認めさせ、国家賠償を実現させることであり、そのことによって次の時代へ一歩をともに踏み出すことだと思います。

九〇年代以降に冷戦が崩壊して、ポストモダンの思想潮流が日本に入ってきた時にそれを摂取しながら血肉化できずに、結局他者批判のツールにはなるけど自己批判のツールにならず、日本社会の反動化、リベラル派の頽落、アカデミズムの形骸化……と、全部が平仄を一致して進行しているように思いますね。

例えば、リベラル派知識人の代表格に内田樹氏がいますね。神戸女学院大学でフランス思想を教えていた当時、彼の書くブログが人気を呼んで、論壇の寵児になりました。加藤典洋氏とも非常に親密な間柄であると聞いていますが……。

高橋　加藤氏の『敗戦後論』が文庫化された際（ちくま学芸文庫、二〇一五年）に、内田氏は長い解説を書いていますね。

徐　彼はブログに以下のような記事を書いていました。要約すると、神戸女学院時代にある在日朝鮮人の女学生がいて、自分の研究室に来て泣いて訴えた。自分は日本名を使っていて、本名は使いたくないと思っているのだが、それを同じ在日朝鮮人たちから本名を使うべきだと迫られていて、それが辛いということだった。内田氏は断固としてこの女性の本名を使わない権利を支持することを書いている。
　そこから、人間にとっての名前というものについての一般的な議論に展開していく。確かに他人からこう名乗るべきだと言われるのは暴力だということは一般的にはありうるけれど、植民地支配の過程で日本が創氏改名を強制して、おまえたちは日本名を名乗れという暴力を行使した。その結果、現在があること、そして日本社会の中で少数者が少数者であることを明らかにしながら暮らしていくのが困難であるということが背景にあるわけだから、それは自己決定ではなく、強制の結果ですよね。そういった歴史的背景を無視して、在日朝鮮人に本名（この場合は民族名）を名乗らない自由があると日本国民である内田氏が言う。これは植民地主義の一変形だと私は思う。

高橋　日本社会による抑圧の結果、いわば構造的に押しつけられているのだという説明をしないわけですね。

徐　そう。もし私ならば、そういう学生がいたら、あなたが嫌なら無理に本名を名乗らなくていい、だけど名乗ることのできない状況自体が抑圧構造の存在を証明している。だからあなたはそのことを知らなければ、今後ますます生きにくくなると助言して、そのことを考えるための資料を提供しますね。しかし、内田氏の場合は、「民族名を名乗ることを強制する民族派の在日朝鮮人」に対して普遍主義的な立場から批判しているのです。このような言説に多くのファンがつきました。

高橋　植民地主義に対する内田氏の立場がよく現れていると私が思うのは、『ためらいの倫理学　戦争・性・物語』（冬弓舎、二〇〇一年）にある次のような文章です。

「正義への希求は「不義によって」苦しむ人びとの痛みを想像的に共感することから始まる。だから、「審問」という攻撃的なふるまいを動機づけたのは、ほんらいは「憐憫」や「同情」という柔弱な感情であったはずだ。

こんなふうに言うと、「被抑圧者や難民や性差別で苦しむ女性たちこそ『不義によって苦しむ人々』である。まさに私たちはその人々のために戦っているのである」と審問主義者たちは答えるだろう。

おっしゃる通りである。たしかに、かれらは「不義に苦しむ人々」のことについては想像力を縦横に発揮してきた。

けれども、彼らがふるう「正義によって苦しむ人々」についてはどうだっただろう。その人たちの痛みについて想像力を発揮したことはあっただろうか。彼らの「正義のロジック」によって「敵」とされた人、彼らに「プチブル急進主義者」とか「男根主義者」とか「植民地主義者」とか名指されてきたもの（私のことだけど）の痛みについてはどうだろう（別にいいけど。）」

内田氏はここで、先に私たちが回顧した「慰安婦問題とナショナリズム」のシンポジウムを問題にして、岡真理氏の名を挙げて「審問主義」だと批判しているのですが、私の責任論も大々的な批判の標的になっています。私の応答責任論が「最終的な真理」の名において語っているとか、「政治的に誤りうる自由」を認めていないとか、理解に苦しむ誤解も少なくないのですが、根本的な問題は、自らの責任を顧みて政治的責任を果たすべく呼びかけるという行為を、「裁判官の尊大さ」をもって「敵」を「審問」する「攻撃」的なものとして描き出していることです。そして、そうした「ストレスフル」で「暴力的」な「審問主義」に対して、「「罪責感」と「自己免責」のないまぜになった「腰の決まらなさ」」であるところの「とほほ主義」を対置するわけです。「とほほ主義」こそは「正しい日本のおじさんの道」とも言われています。このあたり、近年「日本リベラル派」が広く共有するようになった感覚が正直に吐露されているような気がしますね。なぜ、「不義に苦しむ人々」の「痛み」ばかりを言うのか。なぜ、「彼ら（審問主義者）がふるう「正義によって苦しむ人々」」の「痛み」については、想像してもらえないのか。つまり、植民地主義を批判されて「苦しむ」人びとの「痛み」には、同情してもらえないのか。植民地主義を批判されて苦しんでいるのは「私」なんだけど、そういう「私」の「苦しみ」、「私」の「痛み」はどうしてくれるのか。「別にいいけど」。

内田氏はここで、植民地支配を受けた側の「痛み」を認めています。リベラルたるゆえんでしょう。しかし、その「痛み」からの訴えに自ら応答することをせず、話を「審問主義者」と「私」との関係に移して、「審問主義者」がふるう「正義」によって「私」が受ける「痛み」が忘れられている、とつぶやきます。この言説上の操作によって、「不義に苦しむ」マイノリティの訴えは後景に退けられ、問題はマジョリティの内部に置き換えられます。マイノリティの肩を持ち「尊大」な「裁判官」よろしく「日本のおじさん」を「審問」する「彼ら」に対し、内田氏は圧倒的多数の「日本のおじさん」を代表して自らの「痛み」を吐露する、一見謙虚に、しかし実は冷笑的に（「別にいいけど」）――そういう構図が作り出されるわけですね。

応答責任を果たそうと呼びかける者たちを暴力的な「審問主義者」と名指すことによって、同じ日本人として植民地支配の加害者側にいた内田氏は、忘れられた「痛み」を抱える被害者となります。そして、氏の言う「自己免責」に傾きがちな「日本のおじさん」たちから絶大な支持を獲得することになるわけです。

【註】

〈1〉徐京植の兄、徐勝（ソ・スン）と徐俊植（ソ・ジュンシク）は韓国留学中の一九七一年、当時の朴正熙政権下で「学園スパイ団事件」のため拘束され、それぞれ無期懲役と懲役七年の重刑を宣告された。韓国社会の民主化にともない、徐俊植は一九八八年に、徐勝は一九九〇年に出獄した。

〈2〉藤田省三（ふじた しょうぞう、一九二七―二〇〇三年）、思想史家・政治学者。主な著書：『天皇制国家の支配原理』（未來社、一九六六年）、『転向の思想史的研究―その一側面』（岩波書店、一九七五年）、『全体主義の時代経験』（みすず書房、一九九五年）等。

〈3〉茨木のり子「四海波静」＝戦争責任を問われて／その人は言った／そういう言葉のアヤについて／文学方面はあまり研究していないので／お答えできかねます／思わず笑いが込みあげて／どす黒い笑い吐血のように／噴きあげては　止り　また噴きあげる／三歳の童子だって笑い出すだろう／文学研究果さねば　あばばばばとも言えないとしたら／四つの島／笑（えら）ぎに笑（えら）ぎて　どよもすか／三十年に一つのとてつもないブラック・ユーモア／野ざらしのどくろさえ／カタカタカタと笑ったのに／笑殺どころか／頼朝級の野次ひとつ飛ばず／どこへ行ったか散じたか落首狂歌のスピリット／四海波静かにて／黙々の薄気味わるい群衆と／後白河以来の帝王学／無音のままに貼りついて／ことしも耳すます除夜の鐘
〈4〉韓国挺身隊問題対策協議会＝一九九〇年一一月、日本軍「慰安婦」問題を解決するため韓国教会女性連合会等一六団体が参加して結成された韓国の市民団体。初代代表は尹貞玉（ユン・ジョンオク）。二〇一五年一二月二八日の「日韓合意」は被害当事者に了解を得ないまま結ばれたものであるとして批判している。

〈5〉ドミニク・ラカプラ（Dominick LaCapra）アメリカの歴史家。主な著書『思想史再考―テクスト、コンテクスト、言語』（山本和平ほか訳、平凡社、一九九三年）。

〈6〉解放神学（英語：Liberation theology）とは、一九六〇年代以降にグスタボ・グティエレスら主に中南米のカトリック司祭により主張された実践的な神学運動。

〈7〉西田幾多郎と田邊元および彼らに師事した哲学者たちが形成した学派。西洋哲学を受け入れるだけではない日本独自の哲学を模索したが、次第に当時の国家イデオロギーである大東亜思想に近づき、軍部に接近した。

〈8〉二〇一六年三月二八日に東京大学駒場キャンパスで行なわれたシンポジウム「「慰安婦問題」にどう向き合うか、朴裕河氏の論著とその評価を素材に」。歴史学者・宋連玉による同シンポの報告「〈慰安婦〉問題にどう向き合うか」が『季刊・戦争責任研究』第八七号（二〇一六年冬季号）に掲載されている。

〈9〉「帝国の慰安婦」朴裕河教授の在宅起訴に学者ら五四人抗議声明（全文）https://www.huffingtonpost.jp/2015/11/26/park-yuha-charge-remonstrance_n_8659272.html　二〇一八年六月四日閲覧

〈10〉「本書（『帝国の慰安婦』）の韓国語版は運動団体から告訴され、著者は韓国で攻撃の的となっている。ナチス高官の弁明をも受けとめ、一部のユダヤ人によるナチス協力にさえ言及したハンナ・アーレントが、ユダヤ人社会で孤立した経緯が思い出される」（『朝日新聞』書評欄二〇一四年一二月七日付、「ブック・アサヒ・コム」〈http://book.asahi.com/reviews/reviewer/2014120700004.html　二〇一八年六月四日閲覧〉より引用）

〈11〉四方田犬彦氏の「四方田犬彦、朴裕河を弁護する」は朴裕河氏のサイト（http://parkyuha.org/archives/5161）に掲載されている（二〇一八年六月四日閲覧）。

III

「犠牲のシステム」と植民地主義

この国の「犠牲のシステム」とは

徐 「3・11」から今年（二〇一八年）で七年という歳月が経ちました。私と高橋さんは二〇一一年一一月に現場を一緒に訪れて、そこで対談をし、それが本にもなりました（徐京植・高橋哲哉・韓洪九《ハンホング》『フクシマ以後の思想をもとめて—日韓の原発・基地・歴史を歩く』平凡社、二〇一四年）。それから韓国の写真家・鄭周河《チョンジュハ》さんが被災地の福島を撮った写真展も二人とも実行委員になって、全国を巡回した写真展の記録が高文研から書籍にもなっています（高橋哲哉・徐京植編著『奪われた野にも春は来るか—鄭周河写真展の記録』二〇一五年）。

昨年（二〇一七年）の震災六周年の時、安倍首相の「東日本大震災六周年追悼式」における式辞に「原発事故」の言葉が入らなかったことに象徴されるように、原発事故を過去の出来事として区切りを付けようとする国家の意思がはっきりと読み取れますし、実際に避難禁止区域の解除と帰村が進められてきました。高橋さんはこの七年という歳月を振り返ってみて、どのようにお考えになっているのか、そのあたりからうかがいたいのですが。

高橋 「3・11」の地震と津波、そして原発事故——原発は危険だと考えてはいましたが、チェルノブイリのような大事故があったにもかかわらず、日本でそれが起こるというリアリティを実際感じていなかったことに、自ら愕然とせざるを得ませんでした。その上、たまたま私の故郷・福島が被災したことに大変な衝撃を受けました。

それ以来、原発とは何かについて否応なしに考えざるを得なくなったし、ささやかながら『犠牲のシステム　福島・沖縄』（集英社新書、二〇一二年）という小著も出して、自分が考えたことをまとめたのですけれども、その過程で日本人と在日朝鮮人というそれぞれのポジショナリティの違いを踏まえて、徐さんからまた大きな影響を受けることになったんですね。これも実は予想していなかった。徐さん自身が原発問題そして福島の事故に深い関心を寄せられ、そこに共通の友人である韓国の歴史家・韓洪九《ハンホング》氏と写真家の鄭周河《チョンジュハ》氏が加わり、福島の現場だけでなく、関連する東アジアのいくつかの地域を一緒に回って、「3・11」を焦点として東アジアにおいてどんな問題を私たちは抱えているのか、それを話し合うことができました。

私はこの経験から多くのことを学ばせてもらいましたが、この国では脱原発の民意はそれなりにあるはずなのにそれが政治的な力にならず、自民党政権は原発再稼働、原発推進政策を推し進めています。どうしてこうなってしまうのか？

時間軸を大きくとれば、日本は一九四五年の敗戦時にそれまでの前提を根本的に問い直して生まれ変わることをしなければならなかったのですが、それができずに中途半端なところで七〇年が過ぎてしまった。

さきほど徐さんがおっしゃったように、震災六周年の時に安倍首相は「原発事故」に触れませんでした。戦後七〇年談話でもそうですが、何を語らなかったのかを見ていくと、彼の思惑が見えてくるように思います。原発事故による避難者からすれば、血も涙もない冷酷さを感じさせるものでした。

つまり、これだけの犠牲が出てもそれを当然のようにして、あたかもそれが織り込み済みであったかのように進んでいく。そのありさまを見て、原発というシステムは「犠牲のシステム」なのだとあらためて実感しているところです。

徐　私も高橋さんが言われたことに同感なんですね。原発事故の翌四月に、韓国のメディアから「なぜ日本人たちはこんな出来事があったのにあんなに平静なのか?」「日本人の美徳だとかっていう評価があるけれどどうですか?」ということを聞かれて、私は、それは集団主義というものであり、自律的判断ができずに会社とか国家の顔色を見ているからだと書いたのですが、ネトウヨ諸君から「在日朝鮮人はこんな時でも反日的言辞を弄している」というような反発がありました。

ただ、これを機会にそのような日本人の意識が変わるかもしれない。変わり得るくらいの出来事だと思っていましたが、この七年間は各所でそれなりの抵抗がないわけじゃないのだけれども、結局押し切られたままここまで来てしまった……そういう感じがしますね。

いま、高橋さんが言われたように、国家と電力会社の側は完全に甘く見ているというのかな、乗り切れると判断しているんですね。事故直後は分からないけれど、かなり早い時期に自分たちのシナリオ通りに進んで、再稼働も見込めると踏んでいたんじゃないかと思える。

そこで使われている手法は「分断」と「差別」ということだと思います。原発を作るときから、中心部から切り離すことによって特定の地域に負担を強いてきたという意味では差別であり、こうして事故が起きた後も「分断」と「差別」が被害を封じ込めるために有効に機能しました。例えば、福島ナンバーの車が駐車したら近寄るなとか、避難してきた子どもたちが避難先の学校でいじめられたりする。大きく言うと、近代日本がそうした分断と差別の上に作り上げてきた植民地帝国の構造がいまの日本社会でも有効に機能しているということです。

もう一ついうと、原発事故は加害行為だということをもっと明確にしなければいけない。同じ国民の中の誰か不幸な人間が被害に遭ったけれど、その人間が辛抱することが国家のためだ——そんなことではなくて、自国民だけでなく地球環境や他の民族、未来の世代に対する非常に許しがたい加害行為であり、その加害行為はいまも続いているのだということをはっきりと認識しなければならない。他者に対する責任の承認と謝罪と補償がないと何も解決しないわけです。この構図は、例えば「慰安婦」問題や沖縄の基地問題などに通底していますよね。

自分たちに被害を与えている自国の権力、あるいは企業の加害性を構造的に明確にする作業をしないと、電力会社や国家、あるいは行政に対してもっと責任を追及すべきだっていう話がいつの間にか福島の被害者に対する厳しい対応だみたいな、あるいは彼らの故郷への愛を理解してないという話にすり替えられていく構図があります。この絡め取られる構図——具体例を出すと、福島第一原発の周辺地域を視察した経産大臣が「死の町」という言葉を使ったために辞任に追いこまれた、あの情緒ですよね。あの情緒が一貫して利用されてきている気がします。

くり返しますが、これは加害行為であるということを明確に認められるかが重要です。でなければ、一九四五年の敗戦時点での大きな錯誤というか失敗が固着化してルーティン化しているというほかありません。

高橋 加害行為といえば、それこそ「慰安婦」問題をはじめとする日本軍の戦争犯罪などについて、戦後日本社会はそれを徹底的にスルーしてきました。被害者からの告発があってからも忌避し続けてきました。戦争責任・植民地支配責任の問題はその意味で、主要な加害行為が一九四五年以前にあった事柄の責任を、当時は生まれていなかった現在の世代がいかに引き受けるかという問題です。

ところが原発事故や沖縄の米軍基地被害は現在進行形であり、現在の日本政府はもちろん日本「本土」の国民も直接の加害責任がある問題だと思うのです。しかしこれは、まさに自分たち自身のことであるがゆえに、自分たちが加害者だとはなかなか認められないんですね。たとえば沖縄の基地問題。誰が加害者なのか？　もちろんアメリカ政府も米軍も加害者だけれども、日米安保条約を結んで米軍駐留を認めている日本政府、それを圧倒的多数で支持している日本国民もまた加害者であるわけです。

二〇一六年に沖縄県うるま市で若い女性の強姦殺人死体遺棄事件が起きた時、県民大会で「安倍晋三さん。日本本土にお住まいのみなさん。今回の事件の「第二の加害者」は、あなたたちです。しっかり、沖縄に向き合っていただけませんか」とスピーチした玉城愛さん（当時、大学生）が、ひどい攻撃を受けました。私は本人から、「沖縄の周りの人たちからはよく発言してくれたと言われた」と聞きましたが、ネットを中心にものすごいバッシングが起きた。まさに現在進行形の加害責任を明言されたことが、大きな反発を生んだのだと思いました。

では、原発事故の方はどうかというと、基地問題に比べて見えにくい面があるかもしれません。福島には政府や電力会社の加害責任を追及するために裁判を起こした人たちもいますが、電気は皆が日常的に享受しているものだし、自分たちの豊かな消費生活を支えている――そのエネルギー源として原発を国策として進めてきて、たまたま事故に遭ってしまった。これは不運なことだし、とりわけ大きな被害を受けた福島の人びとにとってはまぁ最悪だったかもしれないけれども、それを加害／被害みたいな構図でとらえる必要はないのではないかというのが、リベラルな人たちも含めて多くの人が共有している感覚ではないでしょうか。

しかし、徐さんがおっしゃったように、原発事故とは加害行為であり、自国民だけでなく近隣諸国の人びとにも被害を与え、再稼働すれば放射性廃棄物をどんどん蓄積して、未来世代のリスクを高めていきます。だから、この事故が起きてしばらく経って気づいたのは、日本列島にこれだけたくさんの原発を造ってきた時代、高度経済成長期に生まれ育って成人した自分たちの世代こそ加害責任の当事者なのだということです。今の若い人たちから見ると、「お前らが作ったんだろう」と言われても仕方のないところが私たちの世代にはあるように思います。

徐 日本国民の多くは、かつてはソ連、いまは中国・北朝鮮・ロシアを念頭に置いて、自分たちは最小限のコストで軍事的にはアメリカの庇護の下にいたいという願望と、植民地主義、差別意識があいまって沖縄に米軍基地を集中させる政策を支持しています。一方、原発についても沖縄が置かれている植民地主義的な構造がそのままあてはまるのですが、原発という選択肢については「3・11」以降、再生エネルギーの可能性がある程度広まったにも拘わらず、原発事故を経験してもなお、原発のデメリットを論理的に判断せず、「お上の決めることだからそれしかないんだろう」という曖昧な選択をしている、と私は考えています。

また「地金」論に戻りますが、「日本って何なんだ」とか、「日本の近代って何だったのか」ということが、これくらい集約的に徹底してわかりやすい形で示されたものはない。例えば、安保条約なら沖縄、植民地支配なら台湾・朝鮮・中国——みんな他者です。他者に責任を転嫁しながら自己を守るという偽りの論理だけれど、当然、自国内にもその論理がまかり通っている。「棄民」を正当化するレトリックを含んだ国策に対して、「やっぱりお上には従うしかないんだ」「そこで運の悪い奴とか弱い奴は黙っていろ」という態度、心情を保持してしまう。「日本とはそういう国柄だったんだ」ということが再確認されたと、私は思っています。

高橋　『チェルノブイリの祈り』（岩波書店、一九九八年）を書いた作家のアレクシエーヴィッチ氏が一昨年（二〇一六年）に来日した折、福島を視察した後の講演で「日本には『抵抗』の文化がない」と言いましたね。旧ソ連の人にして日本を見たときにそういう風に感じるわけですね。日本の原発事故を見たドイツや台湾は脱原発を選択しましたし、韓国では市民の街頭デモが朴槿恵政権を倒しました。そのニュースを見ながら思うことは、「この国、この社会はどうして動かないのか」ということです。

日本のメディア、特にワイドショーのコメンテーターは、「韓国社会は民主化が進んでいないから、こういう混乱が起きるのだ」といったニュアンスの発言をくり返していました。日本の方が民主的だと思っているのかもしれません。しかし、市民が街頭に出て大統領の不正を追及し、国会で弾劾訴追案が可決され、憲法裁判所が罷免を決定したという韓国のプロセスは、民主主義的な原理に沿って最高権力者を交代させたという意味では、まさに民主主義のお手本みたいなものでしょう。軍事独裁政権を民主化運動で倒したという民衆の力が今回も現れたのではないかと思っていますが、ひるがえって日本の近代史でそういうことが一度でもあったかと考えると、残念ながら思い浮かばない。「お上」に依存してきたために国家そのものを変えるということが想像もできないのかと思うと、ちょっと暗澹たる気持ちになるのです。

徐 台湾の話が出たので若干補足しますと、台湾のような比較的規模の小さい国で天然資源に恵まれていないとすると、当然技術依存になりますし、軍事的脅威という点ではそれこそ大陸と向かい合ってるわけだから、日本で原発を持たなければいけないという〝口実〟がすべてそろっている場所が台湾ですよね。しかし、その台湾の人びとが脱原発を選択した。いま、高橋さんが言った韓国の民主主義、そして脱原発を決めた台湾の民主主義、では、日本の民主主義はというと、「ポスト3・11」は「全体主義」の時代が到来してしまった。日本の民主主義が本当に成熟したものであれば、もっと大きな抵抗があっていいはずなのに、個々に分断されたままです。

高橋 抵抗はあるのですが、それが政治的な力にならないということでしょうね。

徐 そう、政党とマスメディアが抵抗の力にならない。これにアカデミズムも入れていいでしょう。そういうところが全部ネグレクトしている状況です。

高橋 その結果、抵抗者はつねにもっともマイナーな場所に追いやられ、孤立させられてしまうのです。

「フクシマ」と「福島」

徐　ここで少し視点を変えますが、私たちも『フクシマ以後の思想をもとめて』という本を出版しましたが、カタカナの「フクシマ」という表象について定着してきているのか、それとも拒絶感が増しているのか、高橋さんはどんな印象を持っていますか。

高橋　あの出来事をどんな名で名指すのか、まだ定着していないと思いますね。地震、津波、原発事故の全体像を表わす言葉はまだないのではないでしょうか。

徐　広島・長崎の原爆については、西洋世界ではアルファベットで「Hiroshima」「Nagasaki」が語られ、それがカタカナ化していって定着していったと思います。そこで、原発事故ですが、漢字の「福島」だと、あるローカルな地域に限定されてしまう印象があるし、原発事故という進行中の出来事への呼称として最適かどうかはわからないけれど、普遍的な問題であることを合わせて考えるとカタカナで呼ぶ方がいいと考えます。また、漢字の「福島」だと、「故郷への愛着」「故郷へ帰れ」という情緒の問題が絡んでくるような気がするのですが……。さらには、漢字でもカタカナでも、宮城とか栃木とか隣県からすれば同様の被害に遭っているわけだし、また同じ福島でも「会津」「中通り」と原発のある「浜通り」とは違うという議論もあります。

高橋　海外ではかなり「Fukushima」で通用するようになってきてはいますが、国内ではなかなか難しいでしょうね。アルファベットやカタカナ表記だと、普遍的で抽象的なところへ持って行かれてしまって、ローカルで個別的な自分たちの経験が欠落してしまうという反発があるのかもしれませんね。

徐　極端に言うと、「普遍化の暴力」みたいなことかもしれない。

高橋　それに関連して言うと、私のところで学んでいる博士課程の学生から聞いた話を紹介します。彼は会津若松の出身で県立高校の教員なのですが、長期の休みを取って大学院に通っています。その彼が福島市内の映画館で、フランスの社会学者が日本社会のさまざまな領域で不協和音を奏でる活動家たちを映し出したドキュメンタリー映画を観に行った時の話です。

上映後のトークセッションで、その社会学者が作品の意味を「3・11」以後の社会運動に結びつけて語りました。その巧みな解釈には素直に感心させられたけれども、同時に、社会学者らが俯瞰的に「福島」を語る姿にどこか違和感を覚えていたそうです。すると、彼らの口から「マルチチュード」や「ネグリ」といった現代思想のカタカナ語が飛び出した瞬間、ある女性が次のように言い放ったというのです。「私はそのマル何とかっていう言葉は知らないけど、そうやってあんたたちみたいな学者だか何だかがたくさん福島にやって来てね、いろいろ調査をしたあげく、結局ゴミだけ捨てて帰っていくんだよ。でもね、私たちはここで暮らさなきゃならないの。あんたたちはその気も知らないでただ言いたいことを勝手に言って帰っていくだけでしょ」と。
何かを抑えていた蓋が吹き飛んだかのようなその声は、まさに自分の違和感を言い当てるものだった——というのがその学生の感想でした。個人の身を襲った過酷な経験が他者の言葉で意味づけられてしまうとき、その当事者は自分の言葉を簒奪されたかのような感覚に陥る。とりわけアカデミズムやジャーナリズムの言葉がそれを上書きする時、当事者であるにもかかわらず、まるでそれらが別世界で起きたことであるかのような錯覚に襲われることがある。
だから、特に東京あたりで「福島は安全だ」とか「危険だ」とか言われると、どちらであっても違和感があるということでしょう。

徐　高橋さんはこの間、福島に何回も足を運ばれたと思うのですが、例えば講演で、いま紹介されたようなアンビバレントな感情を持つ人がいますよね。福島のことや電力会社、国家について俯瞰的に批判したり断罪したりすることは不可能ではないけれど、それをやっても自分たちのこの日々の生活には何の助けにもならない、それについて絶えず答えを求めているけれども誰も教えてくれないみたいな感情があるはずです。高橋さんは、そういう問いにぶつかることはありますか？　その問いに対してどのように答えているのでしょうか？

高橋　講演会のような場面で公然と、「あなたは現場のことがわかっていない」とか、「ここで生きていかなければいけない自分たちの苦しみはわからないだろう」とか、そういう反発を受けたことはありません。事故前は福島と特に縁のなかった研究者や知識人と、そこは違うかもしれませんね。個別に話をすれば、家族の中でも考え方が違いバラバラになってしまったりするので、みなそれぞれに悩んでいることがよくわかります。

郡山で開かれたメディア関係者のシンポジウムにコメンテーターとして呼ばれた時、同席した福島のテレビ局の報道局長さんの発言が印象に残っています。「事故当時からずっと県内の状況を見てきて考えるのは、結局、自分たちでは判断できない、どうしていいかわからないという状況に陥れられたということだった。それが自分にとっては原発事故の最大の教訓だ」と。つまり、放射線量のこととか避難のこととか甲状腺ガンのこととか、どれをとっても、どの立場が正しいのかを自分たちで判断することができない状況に追い込まれている、市民がみなそういう状況にある、そう語っていたのがすごく印象的でした。何が正しいのかわからないことだらけの中で、みなモヤモヤを抱えながら生きているんだと思います。

人がもつ「善性」とは何か

徐　先ほど触れたアレクシエーヴィッチ氏が来日して福島を訪れた時（二〇一六年）、私も一泊二日ですが同行しました。飯舘村の酪農家・長谷川健一さんの所へ行ってインタビューしたり、「原発さえなければ……」という遺書を堆肥小屋の壁に書き残して亡くなった相馬市の酪農家のところも回りました。

彼女は『チェルノブイリの祈り』（岩波書店、一九九八年）を〝チェルノブイリ後〟という状況で書きましたが、チェルノブイリの原発事故直後の状況をレポートしながら、自分の想像すら超えるような現実を目の当たりにして、これは未来の物語ではないかと思い至り、「未来の物語」という副題を付けました。日本では「未来」というと、「未来志向」とか「明るい未来」というように肯定的に使われますが、彼女はこれからの戦争というのはこういうものじゃないのかと考えて書いたそうです。

私と彼女は二〇〇〇年に「破滅の二〇世紀」というタイトルで対談をしているのですが、それはチェルノブイリ以後、フクシマ以前という時期でした。最初の対談の時には、日本でも原発事故が起きるかもしれないということは蓋然性としては認識がありましたが、本当に起こるとは想像もしていませんでした。チェルノブイリではメルトダウンを起こした原子炉を〝石棺〟で覆い、さらに原発施設ごと覆う巨大なシェルターを作っています。事故が起きて三〇年が過ぎたいまもその作業が続いています。つまりチェルノブイリの教訓から結局何も学ばなかったということですよ。彼女が言うには、前回来日した時に「あなた方は社会主義国で管理がいい加減だから原発事故が起きたけど、日本じゃ起きないよと言われた」と。日本だけではなく、フランスとかその他の国々でも同じことを言われたそうです。

高橋 「原発さえなければ……」の壁は私も見せてもらいましたが、まだ残っていましたか？

徐 いや、あれは外されて、福島県白河市のアウシュヴィッツ平和博物館に移管されました。事情を尋ねたら、何されるかわからないからって。それ自身が毀損されたり燃やされたりするかもしれないという脅威を感じたそうです。

高橋 やりきれない話ですね。

徐 長谷川さんにお会いした印象をひと言で言うと、篤農家という感じかな。イデオロギーとしての進歩とか、反政府的というよりは、ここで生きていかねばならない人間にとっては何がいいんだということを本当に正直に、しかも粘り強く言い続けている人でした。感銘を受けました。

長谷川さんによると、飯館村には例の除染廃棄物を詰めたフレコンバッグが二三〇万個、置いてあるそうです。いまはもっと増えていると思います。この増える一方のフレコンバッグをどこにも移管できない現実の中で彼は生きています。長谷川さんにしても飯館で酪農ができないし、家族に一緒に住めって言えないから、みんなバラバラに暮らしている。自分だけは自分の世代の人間の思いと責任で飯館に通うけれども、自分がやっているのは「幕引き」のつもりなのだそうです。幕引きする者の抵抗なんだという話ですよね。私はそれこそがリアリティだと思いましたが、村長の方はどうかというと、飯館に保育園を作って子どもを呼んで……という路線です。長谷川さんと村長は原発事故が起こるまでは二人三脚で「村おこし」を推し進めてきた盟友だったのが、原発のために完全に離反することになりました。

高橋　長谷川健一氏には大学に来ていただいてお話をうかがったことがあります。徐さんがおっしゃったように、別に反体制でも左翼でもない人が本当に土地に根差して、命を紡いできた人として抵抗する。逆に言うと、イデオロギーで反原発を言ってきた人たちには弱いところがある。ソ連の崩壊以降、世界的に左翼が崩れていきましたが、日本では学生運動はとっくに瓦解していて、労働組合もたたかわなくなった。組織として一つのイデオロギーで、それに乗っかってやってきたわけで、組織の方針という「お上」に依存するような形、自分の組織は反原発だから反原発だった以上のことではない人たちは、中身がないのですぐに沈没してしまうのです。本当に問われているのは、何に立脚した抵抗なのかというところだろうと思います。

徐　長谷川さんの抵抗について思うことは、これまでの抵抗というのは、自分の土地を守るとか、ここでの暮らしをこれからも守るとかそういう基盤がありました。ところが、長谷川さんの抵抗は、原発事故によって守るものが崩れたということを承認させるというたたかいです。ある意味では高度に知的な、大衆性を得にくい抵抗なんですよね。だから、長谷川さんのように抗う人びとに対して、あのローカルな場所でローカルな土地に根差して抵抗している人だという評価は一面では当たっていますが、そういう風に限定して囲い込んでしまわずに、それがもっている普遍的なメッセージ、人類史的なメッセージに対して呼応するようなことも重要なのだと思う。

もう一つ考えたいのは、イデオロギーはダメだという話ではなくて、イデオロギーに依存した組織とか発想がいけないという話でなければならない。例えば、連合とか電力総連とかほとんど無力というか、むしろ逆になりました。

高橋 電力関連企業の労働組合が、脱原発を進めようとしていたかつての民進党に圧力をかけていましたね。

徐 これを一九世紀半ばからの労働運動から見ると、技術革新によって生産力が拡大し、その分配をめぐって資本家とたたかって自分たちの生活を向上させていくというモデルが定着していました。ところが、人びとの暮らしを根本から破壊する原発事故の後、これまでの労働運動のスタイルが完全に崩れてしまったにも拘わらず、労働組合運動自体が従来の生産拡大モデルという構図から抜け出せなくなっている。それを奇貨として、電力会社をはじめとする企業側は歓迎しているといった状況です。

つまり、大きなパラダイム転換が求められている状況が露呈している中で、単純に自然に帰れとか、自給自足生活をしろみたいなことは思いませんが、そういう根本的問い直しが「ポスト3・11」になければならなかったにも拘わらず、革新側や知識人側においてそれが深くできないという現実がある。例えば、リニアモーターカーが与えるかもしれない被害、出てくる土砂はどうするんだという問題を語ることはできても、そういうものをもっと原理的に批判するような運動とか主張は出てこないという行き詰まりを如実に示していると思うんですよね。これは確かにイデオロギー的なものに依存していたらたたかえないのですが、いま私が言っているようなことに対応する新しい理念というべきものかな……。

高橋　思想ですね。

徐　原発事故の後、そういう思想的なものが萌芽としてでも出てくるべきだったけれども、あまり見当たらないという感じがします。そこで考えたいのは、そもそも人間は自分にとって不利益かもしれないようなことのためにたたかったり団結したりできるのかという問題です。

高橋　直感的にですが、それは可能ではないかと思います。「利益」の定義にもよると思いますが、物質的な利益、個人的な利益とか自分の既得権益を失うことにはなるけれども、そうした方がお互いにとって幸いであると、あるいは未来にとって幸いであるという判断ができれば、既得権益を失うことも受け入れられるのではないかと。

徐　もう少し別の角度から〈そもそも人間は自分にとって不利益かもしれないことのためにたたかえるか〉を考えてみると、例えば、第二次世界大戦末期、イタリアのローマにナチスが進攻して、多くのユダヤ人が移送されました。この時、非ユダヤ人の女性が養子として育てているユダヤ人で身体障がい者の子どもがいて、自分は非ユダヤ人だと言えば移送されずに済んだのに、その子から離れたくないためアウシュヴィッツに一緒に送られて死んだという事例があるそうです。この女性がその時、自分がアウシュヴィッツで殺されるだろうと予感までしてなくても、自分がいまこの子を捨てるということはできないと決心した。それは「利益」という言葉で呼ぶのかどうかは別として、人間が人間らしくあるために時として衝動的に発揮するかもしれない善性ですよね。みんながみんな、それができるとは限らないけれど、人間の中にはそれがある、ということです。

もう一つ、作家のプリーモ・レーヴィが書いた短編小説(『リリス―アウシュヴィッツで見た幻想』竹山博英訳、晃洋書房、二〇一六年)に、アウシュヴィッツで出会った、ロレンツォという名の、ユダヤ人じゃないイタリア人労働者の話が出てきます。その人がいつも食料を分けてくれるのだけれど、自分の命にかかわることなのに自慢もしないし他人にも言わない。必ず飯ごうにちょっと残ったのを分けてくれる。その人は煉瓦工で、職人気質で他人に指図されるのが大嫌い。親方から何か言われるとプイッといなくなって何カ月も野宿をしてから帰ってくるというような人だったそうです。そんな人がまったく自律的に自分自身の倫理観に基づいて、そういう窮極の現場でユダヤ人に食料を分け与えた。誰かに褒めてもらいたいわけでもない。戦争が終わってから彼は精神を病んで死んでしまうのですが、故郷の村には彼を記念する碑が建ったそうです。その碑が建てられたのは、プリーモ・レーヴィが彼のことを小説に書いたのがきっかけでした。

このエピソードを、私は福音書を読むような感じで読みました。もともと宗教とか信仰はそういうものではないかと思ったんです。こういう話をすると必ず、「おまえそんなこと言って自分は実行できるのか」と突っ込まれますが、そんな問題ではない。できないかもしれないけど、人間の中にはそういう人がいるということですよね。私は、こういう話を非現実的だとして冷笑し、人は自らの利益になることでしか動かないというシニカルな考え方に対する抵抗として、ここで挙げた人たちが見せた善性が絶えず存在し続けるような気がしています。

なぜ米軍基地引き取り論を語るのか

徐　冒頭で『犠牲のシステム福島・沖縄』に触れましたが、最近では、高橋さんは沖縄の米軍基地問題に精力を注いでおられるようです。どのような契機があって始められたのですか。

高橋　そうですね。さきほど日本国の「地金」について「植民地主義」はその本質的な要素だろうと言いました。徐さんにこんなことを言うのはまさに釈迦に説法ですが……。私にとって沖縄の基地問題は、日本の植民地主義の克服という大きなテーマの中で必然的に行き着いた問題だと考えています。行き着くのが遅すぎたくらいなのですが。ご承知のように、沖縄は北海道とともに明治政府によって最初に植民地化された地域です。それまで日本の薩摩の支配と中国の朝貢システムの中で琉球王国として一定の独立性を保ってきたその国を、帝国日本が軍事的な威嚇を背景に崩壊させ、沖縄県を設置した。これは近年の研究では韓国併合と比較すべき事件で、それの前段になったという説が有力になってきています。波平恒男氏の『近代東アジア史のなかの琉球併合――中華世界秩序から植民地帝国日本へ』(岩波書店、二〇一四年)などがその代表例です。

そうして政治、経済、文化、言語から名前、風俗習慣に至るまで日本に「同化」しようとしていった。それはすなわち、琉球の人びとを天皇の民として「臣民化」していくことでした。その果てに沖縄戦です。本土防衛のための〝捨て石〟とされて、日本近代史上希に見る地上戦が行なわれ県民の四人に一人が殺された。戦後はまた、サンフランシスコ講和条約で日本が主権回復するのと引き換えに沖縄の「施政権」が米国に移され、米軍の支配下に置かれて苦しめられる。七二年の「沖縄返還」によって「沖縄県」に戻りますが、敗戦から七二年までの米軍支配の時代に存置された基地がほとんど減らずに固定化され、今では面積にして〇・六%、人口にして一%しかないきわめて小さな沖縄県に、全国の米軍専用施設の約七〇%が集中しています。

米軍からの被害に対して、沖縄の人たちはずっと声を挙げてきました。近年の辺野古新基地問題について言えば、辺野古に新たに基地を作って普天間基地を返還するというけれども、なぜこれ以上県内に基地を作らなければいけないのか――これに対する反発から反対運動が続いてきました。鳩山政権の頃から「県外移設」論が広がり、保守の一部と革新勢力が一体となって沖縄県知事を支え、知事は県外移設を唱えて政府と対峙するという状況も生まれました。

私は沖縄の歴史を見た時に、あまりにもひどい植民地支配、植民地主義の権力が沖縄に対して長期にわたって行使されてきたと思います。基地問題は植民地主義の現在的形態であって、沖縄は日米の二重の植民地主義にさらされているわけです。日本を利用した米軍の支配とも考えられるし、米軍を必要とする日本の支配とも考えられます。この植民地主義の関係を断ち切らなければいけないと考えた時に、何ができるかです。

日米安保体制と、憲法九条の下で合憲だと強弁されてきた自衛隊とがセットになって、戦後日本の安全保障政策が形成されてきましたが、憲法九条により「戦力」の不保持が国家権力に対して命じられているにもかかわらず、日米安保体制は憲法によって統制されず米軍は基地を自由に使用することが許されている状況があり、その結果、基地が集中する沖縄の人びとの人権がさまざまな形で侵害されている。

安保体制の問題はもちろん基地被害だけではありません。日本が米軍の戦争に巻き込まれるというだけでもありません。日本の基地から出撃する米軍が、朝鮮戦争、ベトナム戦争、湾岸戦争、アフガニスタン戦争、イラク戦争など、アジアや中東で戦争を繰り返してきました。その意味で、日本は世界最強の米軍の戦争を支えてきたし、加担してきたと言わざるを得ません。

このアメリカの戦争に加担するのをやめるには、安保体制を解消するのが一番です。戦後の革新派はある時期まで安保反対を掲げてきましたが、私は今でもそれは間違っていないと思っています。ですので、安保体制の問題点はどこまでも言い続ける必要がある。しかし問題は、「六〇年安保闘争」の時でさえ解消できなかった安保体制を、いつになったら解消できるのか。安保体制の支持率は沖縄の基地負担率が高まるにつれて上昇の一途をたどり、九〇年代後半には七割を超え、二〇一〇年代に入ると八割を超えるようになりました。主な政党、主要メディアはみな「日米同盟」が大前提。安保法制反対運動が盛り上がったときに私は「安保体制自体をも問うべきではないか」と提起したのですが、「高橋さん、今それを言い出すとね、運動が成り立たなくなっちゃうよ。まずは安倍政権以前に戻してから」という反応でした。

こういう状況で、少なくとも五割前後の世論に支えられて安保解消をめざす政権ができるまでどれだけかかるのか。国内だけではありませんね。米軍のプレゼンスは日本だけでなく、韓国、フィリピンをはじめとする東南アジア、オーストラリア、ニュージーランドなど西太平洋に広がっていて、全体として連関している。だから国際関係の問題でもあり、解消した時にどうなるかという見通しもつけておかなくてはいけない。

そう考えると、沖縄の人びとに対して、「いずれ安保を解消すれば基地はなくなるから、それまで待って」とは今や言えないと思うのです。いずれは安保を解消し、米軍なしの東アジアの安全保障秩序を作っていかなければならないと考えますが、しかし「安保反対」と言い続けるだけでは、沖縄の現状は変わりそうにない。まずは安保を解消できなくても沖縄の犠牲を断ち切らないといけない。沖縄に基地負担を肩代わりさせながら安保に賛成している「本土」の加害責任を問い、「本土」による沖縄の「構造的差別」を解消したい。沖縄に対する植民者である関係をやめ、沖縄の人びとと対等な人間として出会い直すことはできないか。そう考えたときに、沖縄からの「県外移設」の要求の意味がわかる気がしました。それに応答する政治的選択として、沖縄の基地の「本土引き取り」を考えるようになったのです。

沖縄からの基地の「県外移設」は、大田昌秀知事が「安保を維持するのであれば本土も応分の負担をすべきだ」と言ったあたりから、表現は違えど沖縄の知事はずっと政府に対して要求してきました。今の翁長知事は普天間基地に絞ってですが、「県政の基本方針」にしています。私自身は、野村浩也氏の『無意識の植民地主義―日本人の米軍基地と沖縄人』（御茶の水書房、二〇〇五年）や知念ウシ氏の『シランフーナー（知らんふり）の暴力』（未来社、二〇一三年）などから影響を受けました。私はさまざまな問題で右派からたびたび攻撃を受けてきましたが、この議論ではむしろ左派からの反発や抵抗が強いので驚きました。戦後左翼が至上命題としてきた「安保反対」が否定されると思うんでしょうね。本土の護憲派やリベラル派は、この議論にかかわると沖縄に対する植民者の立場を直接問われることになるからか、沈黙や無視を続ける人も多いのですが、沖縄の運動や知識人の世界では、本土以上に強い反安保、反基地運動の歴史がありますから、実はこの間、沖縄の中の異論との間で大きな論争になったりしています。沖縄の一般の人たちの間では「県外移設は当然だろう」という意識が広がっている一方で、「本土」が「引き取る」ということに反対する知識人がいるのです。

徐　いまのお話で、九五年の少女暴行事件が大きな契機の一つとして県外移設論が浮上してきたということは、それまでは沖縄では県外移設論ではなくて、安保反対論が主流だったということですか?

高橋　反基地運動やそれに影響を与えた左派系知識人の間では圧倒的に安保反対論だったでしょうね。「本土」の運動の影響もあったでしょうし、沖縄戦の体験から戦争につながるものはいっさい否定したいという意識はもちろん強かったでしょうから。いわゆる「復帰」の後、沖縄の人びとの反基地の思いが爆発したのが九五年の少女暴行事件でした。革新系の知事だった大田昌秀氏がさまざまな知事権限を行使して基地反対の意思を表現し、その中で「応分負担」論を語りだした。あわてた日米政府が普天間基地の返還で合意したのですが、その代替施設を名護市辺野古に建設となったことは、沖縄で「不平等だ」という意識が強まる要因になったでしょう。なぜ「本土」ではなく、またしても沖縄なのか。沖縄の負担軽減のための普天間返還なのに、その代替施設をなぜ沖縄に押しつけようとするのか。その後、何年反対を続けても日本政府は動かない。これは沖縄差別ではないのかと。

そこに「最低でも県外」を掲げて登場したのが鳩山政権でしたが、その企ては多くの抵抗に遭って挫折します。この時の沖縄の怒りは凄かった。辺野古に回帰して沖縄に説明に行った鳩山首相を迎えた「怒」「怒」「怒」のプラカードの渦。翁長知事（当時、那覇市長）も言っていますが、あの時、沖縄に基地を押しつけているのが何かがわかったと。日本政府や特定の政権ではなくて、「本土」全体なんだと。沖縄の政治舞台で「県外移設」論が堂々と主張されるようになったのは、その頃からだと私は認識しています。

徐　基地引き取り論を本土の知識人が批判する場合、意識するにせよしないにせよ、一種の利己主義ということが言えますよね。自分は平和主義者であるけど、自分の側に米軍基地が来るのは困るという利己主義です。沖縄の人でこの論に反対する論旨は端的に言ってどういうものなのでしょうか。

高橋　運動家で多いのは、辺野古反対でみな結束しなければいけない時に運動を分裂させる、という批判ですね。しかし、「引き取り」運動の人たちはみな当然ながら辺野古反対ですし、可能な限り現場の抗議運動にも参加したいという人たちです。つまり、「辺野古が唯一」の論を否定するためにも引き取りの声を挙げようという人たちですから、「引き取り」運動の側から運動を分裂させるというのは想像しにくいですね。

さきほど触れた「大きな論争」というのは、拙著（『沖縄の米軍基地――「県外移設」を考える』集英社新書、二〇一五年）が出たのをきっかけに琉球新報紙上で展開された論争です。映像批評家の仲里効氏が私の「引き取り」論に反論し、それを「県外移設」論全体に対する批判だと受けとめたウチナーンチュの立場から沖縄近現代史家の伊佐眞一氏、知念ウシ氏が反論、それに対してまた仲里氏が反論し、さらに知念氏が応答し私が仲里氏に反論し、それに仲里氏が反論し……と続いて、私が沖縄の雑誌『N27』に書いた文章〈註1〉を最後に、とりあえず中断しています。ちなみに、この論争で琉球新報に掲載された論考はすべて同紙のウェブサイトで読むことができます。

仲里氏の主な論旨は、私の議論はまず「本土」に基地を引き取って安保解消をめざすという「二段階改良主義」になっているが「安保によって安保を否定することはできない」とか、「県外移設」論は日本復帰論の亡霊のようなもので「国民主義」になってしまうとか、戦争の絶対否定が沖縄平和思想の核心であって基地移設論はそれを逸脱するものだとか、だいたいそういうところになるでしょうか。それに対して私がどう論じたかは、拙論に譲りたいと思います。

「悪魔の島」は本土である

徐　私の立場からこの問題を考えると、日本帝国の分解過程にあるのではないかと見えます。基本的に歓迎すべきことですね。高橋さんもおっしゃっているように、沖縄は日本帝国ができていく一番最初の植民地で、その後、北海道、台湾、朝鮮、満州へと続いていきます。この第一歩の所までたどり着いた。先ほど別の文脈で言ったように、本来ならば一九四五年の時点で起こるべき日本帝国の分裂・解体過程の一つで、その過程は順調に進んでいるというよりも、痛みを伴ってわずかな徴候が見えてきたくらいのものですが……。在日朝鮮人としての私は、日本帝国が分裂していく傾向については肯定的にとらえて励ますべきものだというのが、大ざっぱな意見です。

沖縄については詳しくないのですが、もっとも早く植民地化され、もっとも苛酷に皇国臣民化が行なわれました。朝鮮もいまだに植民地時代の負の遺産に苦しんでいますが、長くとらえても四、五〇年間の植民地支配でした。沖縄の方ははるかに長かった。そういう意味では、帝国に自ら同一化していった歴史も長かった。そして沖縄戦の結果、その帝国から見捨てられ、その後の米軍占領、本土復帰という歴史の中で、日本帝国からの解放として課題をとらえるチャンスが遅れてやってきたと見ることができるのではないでしょうか。

高橋　朝鮮と琉球の大きな違いは、琉球は朝鮮に比べてはるかに小さかったということでしょう。仮に現在の規模で比べると、沖縄の人口は一四〇万ですから日本の約一〇〇分の一、一方の南北朝鮮は約八〇〇〇万です。沖縄から日本帝国を見ると人口一〇〇倍の軍事力、経済力をもった大国がやってくるわけです。これに抵抗するのがいかに大変か。今の中国は人口でいうと日本の一〇倍ですが、それでも大国中国の動きに戦々恐々としている日本人がいるわけですから。日本のリベラル・左派は、沖縄の抵抗を賞賛していれば済むものではない。自分たちがいかに大きな権力を行使して、沖縄の脱植民地化を阻んできたかを知るべきだと思うのです。

徐 時間軸としてみると百数十年、範囲としてみると東アジア全域くらいを視野に入れて今の動きを見ると、沖縄の人びとには失礼かもしれないけれど、ようやく反植民地闘争の方に近づいてきたように感じます。

高橋 琉球独立論も出てきました。「琉球民族独立総合研究学会」が活発に活動しています。

徐 独立の形態はさまざまだと思うんです。もう一つの国民国家を作るとか、自治権を強めていくとか、あるいは日本という国が単一的な価値観を捨てて「諸地域」と「諸共同体」のような連合体に変わっていくとか。机上の空論と言われればそれまでだけれど、これはいろいろあっていいと思うんです。こういう動きを一切認めない現状が本土にはあって、その最大の要因が今回のテーマの「地金」なんだと思います。

それからもう一つは、日本のリベラル派の中で、この問題をどこまで深く考えられているのかということです。大田知事のあとは保守系の知事が続いていて、彼らも自立性を要求しています。この動きに対して、反安保勢力はどう対応しようとしているのか。六〇年代、七〇年代の平和主義がまったくの無意味だったとは思わないし、守るべき価値があると思いますが、そこに思想的、理論的な弱点があるのではないか。この保守派の傾向に対して、普遍主義の方向でそれに抵抗しようとする動きが出てくるのではないか。つまり、「全人類の解放」とか「すべての国家の廃棄」などというようなね。そのことを本土の人間が言うのと、沖縄の当事者が言うのとでは動機の点においてまた違ってくると思うのですが。

高橋　私は安保は解消したいと思うし、戦争の絶対否定も理想は同じです。しかし、現実の基地問題をどう解決していくのか。「基地の中に沖縄がある」と言われるような状況をとにかくなくさないといけない。基地の負担やリスクだけじゃなくて、ベトナム戦争の時に沖縄は「悪魔の島」とまで言われたように、「加害責任」まで負わされた。「悪魔の島」と呼ばれるべきは、沖縄を米軍の要塞にすることとセットで「平和国家」となった「本土」の方でした。主権を奪われていた沖縄の人たちは抵抗できませんよ。そういう「加害責任」まで負わせた上に、日本の左派は反安保闘争まで沖縄の人たちの反基地闘争に依存してやってきた。沖縄の一般の人たちは平和に暮らしたいだけであって、基地なんか早く出て行ってもらいたい。沖縄に米軍基地を集中させて、日本の平和運動・反基地運動の最前線にもさせている現状がありながら、「本土」の方は憲法九条で戦争しない「平和国家」ですよと言ってきた。この欺瞞たるや目もくらむほどです。

徐　その話を聞くと、「そんなこと言ったって、現実問題として可能なのか」というような戦術・戦略論からの批判があるでしょうし、また、理論的・思想的レベルで、つまり「日本人の責任だ」と言ったりすると、「そういう発想自体がナショナリスティックではないのか」といった批判があると思います。本土からも沖縄からも出てくると思います。代表的な批判について紹介していただけますか。

高橋 たとえば、『前夜』にも寄稿してもらっていた新城郁夫氏（琉球大学教授）が、一貫して県外移設論を批判していますね。ラディカルな左派知識人と見られている彼のような人が、沖縄から出ている「県外移設」論は間違っていると否定すれば、本土の知識人は「県外移設」要求に向き合うことなく、安んじて「あれは沖縄ナショナリズムだ」とか「沖縄は保守化しているのだ」といって片付けてしまいかねないと私は懸念しています。

たとえば、新城氏が「県外移設」論を「人種主義だ」と断じて批判したことに私は驚きました。フーコーの人種主義批判を私に言わせれば不十分な仕方で援用して、「県外移設」論は日本人と沖縄人を分けることで「生命の連続性」を断ち切ってしまう人種主義だと言う。そうすることで、現実に存在する日本の沖縄に対する権力的な支配関係、そこで権力をもっている「本土」と沖縄との間の断絶・亀裂・対立、これを新城氏の議論は消去する結果になってしまう。そこが根本的な疑問ですね。

私は、安保解消論者と基地引き取り論者はいっしょに運動できると思っているんです。「県外移設」の方は「安保反対」を排除していないのですが、「県外移設」論や「引き取り」論は安保を容認することになるからいっしょにやれないんだという人たちは、新城氏の言説にはっきり現れているように、「県外移設」論者を排除しようとする傾向がある。
日本国内で権力構造を決定しているもの、徐さんの言葉で言えば「中心部日本国民」、「主流派日本人」が新たに安保体制を問い直し、沖縄に基地を押し付けたままで多数がこれを支持している状況を変えるためにも、まずは沖縄の基地問題が「本土」の日本人の責任であることをはっきりさせる必要があると考えます。

徐 ある若い在日朝鮮人が、基地引き取り論に疑問を呈しつつ、それが沖縄にあろうが本土にあろうが、その武器はアジアに向けられている、その矛盾がある限りはどこに置かれようと同じで、基地引き取り論には共感が持てない。つまり安保全否定論であるべきだと言いました。

私がその若い人にどう言ったかというと、基地の負担という時に、例えば土地を収用されるとか、米兵が少女を強姦するとか、その種のことを基本的に念頭に置いているのだろうけれど、それは平時の基地論である。しかし今はますます戦時の基地になりつつある。そうすると中国であれ、北朝鮮であれ、場合によっては韓国も台湾も、防御的反撃をする可能性がある。そうなった場合、沖縄の人びとの大多数が基地はイヤだと言っているところに反撃の爆弾が落ちることになる。だから、朝鮮にとって同じだとか、アジアにとって同じだとかは言えない。ベトナム戦争では、沖縄は反撃されなかったけれど、反撃可能な条件下では、航空機を使って爆弾を落としたり、今日においてはテロ方式で反撃する場合もあり得るだろう。それは倫理的、道徳的に良くないという議論と、そういうことが起こりうるリスクが当然計算されていなければならないというのは別の話だから、イヤだと言っている人たちの上に爆弾が落ちないようにすることが連帯の基礎だ、そう言いました。

高橋　「悪魔の島」だと沖縄に対して言わせるのではなくて、「本土」の「中心部日本国民」がその汚名を負わなければならない。そんな汚名を負いたくないならば、自分たちの意思と力でそれをやめなければならない。今の話で言うと、安保体制を選択している「本土」が反撃されるがそれでいいのかという議論を、「本土」でやらなければなりません。

徐　だから、「基地負担」という言葉はどこかでごまかしがある。単なる財政的負担とか、日常的な負担では済まないものを沖縄に強いているということです。

高橋　「本土」が反撃されるぞという以前に、アジアに武器を向け攻撃してよいのかという議論を「本土」でやらなければなりません。朝鮮戦争からベトナム戦争、イラク戦争までそれをやってきてしまった、それでいいのかということを自分たちが突きつけられるためには、沖縄に基地があり安保は「沖縄の問題」なのだと思っている現状を変える必要があります。

徐　例えば、ピョンヤンが核開発をしていることに対して世界的に圧力がかかっていますよね。ピョンヤンには自分の論理があるだろうし、私自身は核開発自体支持はできない。武器よりも倫理的、道徳的な〝高地〟の方がもっと重要だというのが私の立場です。しかし現にピョンヤンは生き残りを賭けて、何かあったら反撃するぞと構えていて、一方のアメリカは、沖縄・日本本土とツークッションの安全地帯にいる。平和ぼけの「中心部日本国民」は沖縄に基地を押しつける虚構の平和主義に浸りきってその危機感がない。

高橋 沖縄の人たちは、自分たちが標的になるのは二度とイヤだ、沖縄戦でもうこりごりだと訴えています。冷戦時代には誤って発射命令が出されたこともありました。キューバ危機の時ですが、現場の技術者が気づいてすんでのところで発射まで至らなかったことが最近になって明らかになった。仮に核ミサイルが飛んでいたら、当然反撃のミサイルが飛んでくるわけですね。

基地引き取り論は「過剰な倫理主義」か

徐 高橋さんの「中心部日本国民の責任において、基地を引き受けるべきだ」という議論ですが、ここでいう「日本人」とか「ヤマトンチュ」という線は政治的責任として描かれていて、人種的、文化的な線ではありませんね。しかし、さきほどの新城氏の「人種主義だ」という批判は、その論点を受け入れようとしていないように思います。これは、九〇年代に高橋さんが「戦後責任論」を展開して、「日本人の責任」という議論をした時に、いろいろな人が「高橋は発想がナショナリストだ」と批判された延長線上にあると思いますね。私はそういうポストモダン的な相対化が、実は中心部日本国民の既得権を守る、あるいは自分自身の既得権に気付かないようにさせる機制として機能してきたのではないかと考えています。端的に言うと、九〇年代からの高橋さんの議論は、継続する植民地主義とのたたかいだと私は見ているんです。

高橋 私の議論が問題含みだとしても、そういう主旨では一貫しているつもりです。

徐 もう少しやっかいなことをお尋ねしますが、私は高橋さんの主張は根本的に肯定しているんだけれど、安保を究極的に廃棄するために基地を本土が引き受けなければならないという二重構造になっていますね。実際に自分の所にきてくれという運動が起これば困ることになるんじゃないですか。安保を究極的に廃棄するために基地を引き受けるというのは、高度な倫理的要求なんですよ。

高橋 「過剰な倫理主義」と言われかねないですね。

徐 その高度な倫理主義がある程度広く共感されたり、支持されたりしないと、運動としては成立しにくい。それはこういう限定された思想の問題として議論される場合は成立可能だけれど、現実的にはたいへん難しいでしょう。私は現実的に難しいからその議論をやめろというのには反対ですが、その問題はどう考えていますか。

高橋 この議論を進めていくには重要なポイントですね。「高橋さんの言うことはわかるし、とにかく沖縄の犠牲は早く止めなければいけないんだけれども、しかし基地を引き取ると責任をもって言えるためには、自分自身でそのための土地を確保して、それでここに来てくださいというしかない。自分の所ではなく別の所に基地を引き取るというのであれば、そこの人たちにリスクを背負わせることになるのだから、無責任であることに変わりはない。自分のところで引き受ける用意がなければ言えないことだから、自分にはできない」。こういう議論があるんですね。

私はこう考えています。私は基地引き取りにイエスと言う以上、仮に自分の住む地域に来るとなったら、それを受け入れる覚悟でいます。その覚悟がなければ言えないわけです。しかし、そこから議論を始めると大方はできないとなってしまうんです。実際これまでそうだったし、鳩山首相がなぜ「県外移設」なのかを国民に十分説明することなく、とにかく候補地を探してということをやって挫折してしまいました。ですので私は、どこにもってくるかの議論の前に、沖縄の米軍基地は本来「本土」で引き受けるべきものだということを広く共有することが必要だと思うのです。沖縄の「県外移設」要求は、まず引き取ると声を挙げた人のところで引き取れというものではない。沖縄に押しつけないで全国で考えよ、「本土」は責任をとれ、というものです。ですからまずは、安保を維持する限り「本土」で引き取るべきものだという認識を共有すること。私自身は今、そこの部分に注力しているつもりです。

そして、比較的多くの人がそれに賛同するようになった段階で、あるいは政治的にその選択肢が有力になった段階で、ではどこに引き取るのか、まず普天間基地を引き取るとしたらどこに引き取るかということを、「本土」の中で責任をもって議論する。自分の所はイヤだという声が上がるでしょうけれども、どこかが引き取らなければならないという世論が高まったなら、「本土」の中で可能な限り合理的な選択をするべきだと思っています。

たとえば、既存の米軍基地の中に統合するとか、自衛隊基地と共用にするとか。そうしたことは過去に日米間で検討されたことがあるわけです。新しく基地を作ることはできれば避けたい。しかし沖縄の犠牲を断ち切るためならば、それはやむを得ないという選択もあるかもしれません。いずれにせよ、そういうことを全部含めて、そして基地が来た時に米兵の犯罪や米軍の事故を防ぐために米軍に対してどう働きかけるか、日米地位協定の抜本改定をどう実現するのか。これまで沖縄の人たちに押しつけてきたこうしたことを、「本土」の人間が自分たちでやらなければならない。沖縄に基地があるうちは、政府は全然やる気がなくて、引き取るとなったら急にやる気が出たりしたら、沖縄を差別してきたことが白日のもとにさらされるでしょう。

徐 実際に引き取り運動を始める地域はあるのでしょうか。

高橋 大阪ではいくつか候補地を決めて、市民に訴えたり行政に働きかけたりしているようです。福岡は候補地までは決めておらず、最初は福岡で運動する以上、他県ではなく福岡で引き取らなければいけないだろうという議論だったのが、それだとなかなか議論が進まないのでとりあえず九州の中で普天間基地を引き取ろうという議論をしているそうです。それから新潟、東京にも引き取りを考えている人たちがいます〈註2〉。

徐　いまの、高橋さんにかかる〝負荷〟について考えると、高橋さんを批判する側が何か普遍的な理念を純粋に追求している人たちであるかのような転倒が生じてしまうことがある。それに対してどういうふうに理論的に向かい合うか、高橋さんの思想的課題であり、二〇世紀以後の歴史の中で、あらゆる場所でマジョリティとマイノリティの間にある問題であり、連帯を築いていくための理論構築の問題になります。私は二〇年くらい前に高橋さんに言ったことがあるけど、マイノリティの投げる〝石〟は高橋さんのような人間に当たる。その向こうの安全地帯にいる中心部日本国民じゃなくてね。

高橋　現実に存在する権力的な支配構造、一般化すればマジョリティとマイノリティの関係ということになりますけれども、沖縄の基地問題で言えば、ヤマトンチュとウチナーンチュという関係、こういう対立構造があたかも存在しないかのように、あるいは権力をもつ側への批判なしに一挙に乗り越えられるかのように語る議論が、より洗練された普遍主義であるかのように思われてしまう面があると思うんですよ。

日本国家が現実に今なお継続する植民地主義的支配を行なっているところで、それに抗して「日本人の責任」を追及すると、「それは対抗ナショナリズムにすぎない」と言ってやり過ごされる。植民者の位置から降りて対等な関係を作り出すことが「日本人としての責任」だと主張すると、そのこと自体が「ナショナリズムだ」とか、「分断をつくり出すものだ」とか言われる。そして、自分は日本人としてのアイデンティティに重きを置いていないとかいう言い方が出てくる。沖縄に関してもそうで、「人種主義だ」というのは極端な議論ですけれども。「国民主義だ」とか「分断をつくり出すものだ」と。

本人も現実に働いている権力関係の中にいるのは明らかなのに、それを一挙に飛び越えたつもりになって、自分は「アイデンティティにこだわらない越境者」だとか、「在日日本人」だとか、国家や民族を離脱した「難民」になるべきだとか、「内的亡命者」になるべきだ、などと言われる。それはしかし観念の中での話で、現実に日本国家は存在して、その中で沖縄に対する差別の構造がある。現実に存在する権力構造を直視して、それに対峙してそれを変えていくことによって初めて、より広い次元に出て行くことができるのではないか。そのプロセスは省略できないと思うのです。

日本リベラル派知識人の中には、「それは韓国ナショナリズムだ」と言うのと同じように、「県外移設要求は沖縄ナショナリズムだ」の一言で片づけようとする習性が巣くうようになってしまったのですが、それは違うのであって、さきほど徐さんがいみじくもおっしゃったように、ナショナルな主張に見えるものが何を目指しているのかということを正確に見る必要があるのだと思います。

徐　一見それとは逆に見える「超国家的（脱ナショナリズム的）」な構想が沖縄から発信されるこ

とがありますね。そのことも今まで述べたような文脈において理解する必要があります。つまり、それらは植民地支配からの解放を希求する二つの方向であって、その根源的由来は植民地支配にあるということ。その希求に応える道は、日本による植民地主義的支配を克服することにあるわけで、そのような努力とは切り離して中心部日本国民（日本マジョリティ）が沖縄発の希求を横領し、消費したり利用したりする構造にも注意を払わなければなりませんね。

高橋　マイノリティの中から出てくるそうした議論が、マジョリティの中で日本人としての責任を回避したい人たちと結びついて、それを連帯だと思ってしまうことが問題です。

核を否定できない二重基準の国

徐　先ほどチェルノブイリの教訓を学ばなかったという話が出ましたが、日本の場合、ヒロシマ・ナガサキ以後の七〇年の中で核について何を学んだのか、学ばなかったのか、それは今後どうなるのかということをうかがいたいのですが……。

高橋　たいへん大きな問題なので、簡単に済ませたくはないのですけれど、感想めいたことだけ言えば、広島と長崎で被爆した人の戦後の国籍を数えれば二〇以上あるそうですから、日本人しか被爆しなかったみたいなイメージが日本社会で定着しているのは間違っているし、そして被爆国でありながら、戦後、核についてどのような政策をとってきたかを考えると、何も学んでこなかったとしか言いようがないですね。

被爆者運動があり、メディアも被爆者の言葉を取り上げ、研究者も証言を取り、記録してきました。憲法九条の下で非核三原則を導入もしてきました。にもかかわらず、実際の国策としてはアメリカの核の傘の下にありますし、原発政策自体も導入時から潜在的核抑止力を保持するという動機が強く働いています。日本政府は、核兵器の保有も必要最小限度の防衛力に限っては認められるという立場です。核兵器禁止条約にしても、アメリカの顔色を付度して参加しないとなると、これはもう、戦後日本の原発も含めた安全保障政策において核は否定されなかったどころか、本質的には肯定されてきたのだと言わざるを得ませんね。「核なき世界」を目指そうとしたオバマ大統領から小型の戦術核使用を志向するトランプ大統領に代わったいま、核から解放された世界はまったく見通せない状況になっていて、私は人類が自滅する可能性は十分あると思います。

徐　人類が滅びると思うようになったのは以前からですか、それとも最近になってから？

高橋　若い頃は、人類だって一生物種なんだから、状況によっては滅びるだろうと観念的に考えてはいましたが、当時は右肩上がりの時代で、日本は政治的にももっと民主的な国になっていく可能性があるし、核兵器もいずれなくなる可能性はあるだろうと思っていました。本当に自滅する可能性が十分あると思えるようになったのは最近です。それは核によってかもしれないし、また別の理由によるかもしれないですけれど、人類の終末の方から現在を見るという視点もどうやら必要ですね。

徐　その核兵器禁止条約については、ラテンアメリカのような、いざ本格的な戦争になったら抵抗する手段がほとんどない国々が切実な望みを持っているわけですよね。日本とか韓国も含めて、「核の傘」に依存しているコウモリ的な存在の国々は、国内マジョリティの中にある種の二重基準というものが浸透していると思います。日本は自分自身も植民地宗主国だっただけにいっそうそれが深刻で、正しいことは言いたいけれども我が身は脅かされたくないという二重基準の間をいつも行ったり来たりしているという状態にあると思うんですよ。正しいことを言うことが身を守るすべで、正しいことを言うしかないという人びとがこの世の中にはいて、実はその方が多数なんだということが見えないのか、見ようとしないのか。特に、核保有国の指導者たちにはそれが見えていないようですね。だから例えば、非常に嫌な想像ですが、中東でＩＳを制圧するために戦術核で限定的攻撃に使用するとか……。

高橋　トランプ政権だったらその可能性も十分ある。

徐　そこでアメリカが本当に核兵器を使用したら、日本の世論は真っ向からそれを批判するだろうかと考えると、たいへん心許ないですよね。

高橋　そこまでやったらさすがに世論は批判的になるかもしれませんが、政府は批判できないでしょうね。世論の中にも、ＩＳは厄介な存在なんだから、これは当然、あるいはやむを得ないのだという反応はあるでしょうね。

徐　北朝鮮はどうですか？　北朝鮮がいま、核開発をしていてそれが極限に達する前に先制攻撃してつぶすという選択肢です。トランプ政権ならば、具体的にそのオプションを考えているはずです。それをある日突然強行したとすると、大きな被害が出ても、まぁその危険は取り除かれたんだ、というようなことになった時、日本の世論はどうなりますかね？

高橋　犠牲者が途方もない規模で出た場合には、それに対する批判はあると思いたいですけれども、結果的にやむを得なかったという主張が優勢になる可能性は十分にありますね。

徐　国会で北朝鮮非難決議とかやると全会一致になりますから、私も結果的にやむを得なかったが大勢になると思いますが、当然、その米軍の攻撃に日本国が加担すること――基地を提供するだけでなく実際に自衛隊を派遣することを承認することになるでしょう。地獄を見るのは自分たちじゃなくあいつらだという分断線が日本マジョリティとイスラム教徒や北朝鮮との間にあるから。その分断が非核・平和主義の理念をも超える形で平和への脅威になっているという状態ではないかと私は思っています。その最後の線は本当にいまにも切れそうになっている。

高橋　トランプ政権がいつまで持つかわからないような状況なので、支持率を上げるために北朝鮮を攻撃するという可能性もあるし、尖閣諸島周辺で日中の武力衝突という可能性もあり、そういう意味では本当に危険な状態だと思います。

徐　ここまで話してきて、我々は悲観論を共有していることを確認しましたが、では、この後はどうなるのでしょうか。

高橋　私が時どき考えるのは、一九三〇~四〇年代、ヨーロッパではきら星の如き思想家たちが存在していました。当然、ナチスをはじめとするファシズムが台頭してくる中で批判的な言論もあったわけですが、結果的にそういう言説はファシズムを止める力にはなりませんでした。たとえば、ドイツのハイデガーは「ハイル、ヒトラー」をやってしまったし、ヤスパースはそれをやらないで批判的だったけれどもユダヤ人の夫人と一緒に沈黙せざるを得なかった。ハンナ・アーレントは早々と見切りをつけてフランス経由でアメリカに亡命した。ベンヤミンはヨーロッパが好きだったのでギリギリまで残ろうとしたために最後は追い詰められて死んでしまいました。でも、ハンナ・アーレントやベンヤミンの言説はいまも大きな影響力があり、多くの研究者が、そういう時代に生きて輝いたものであるからこそ、それに魅かれて研究しています。

しかし、時代を超えて輝きを放つ彼や彼女の言説であっても、全体主義化がある段階まで進めば、もう言論によっては止められない。平時であっても私たちの言説がどれだけ社会に影響を与えられるかを考えれば、これからもそういう状況は変わらないでしょう。だからこそ、そうなる前に教育や文化を通してなんとか持ちこたえなければいけないのですが、徐さんがおっしゃるような人間の「善性」が発揮されるケースや思想的な輝きがあったとしても、それが現実の崩壊を止められるかどうかは残念ながら疑問ですね。

徐 まぁ、止められないでしょうね。崩壊していく中で発揮される善性とか輝きですからね。

高橋 私たちとしては、そこでそれぞれがどういう道を選ぶか、ということです。

徐 だから、ある意味では残念なことですけれど、私と高橋さんのこの対談はこうやって食い止めてきたとか、今後こうやれば食い止められるという話ではありません。しかし、高橋哲哉という人間はこういう時代に生きたと、いわば一九三〇年代のヨーロッパみたいな二一世紀の日本で生きているということを伝えてほしいんですよ。高橋哲哉にはそれを食い止める力はなかったかもしれないけど、そこで生産された言説や思想は意義をもっていて、そして後世に伝えられていくことが大事だと思うのですが……。

高橋 それは徐さんの過大評価だと思いますよ。仮にそうでないとしても、それは私が言うことではないし……（笑）。私は徐さんの言説こそ投壜通信（徐註―孤島に漂着した人が、誰かに届くことも期待できないまま、ガラス瓶に入れて海に流す手紙）みたいなものだと思います。

徐 高橋さんは自分では言いたくなさそうだから私が言いますが、非常に重要な場面に立った思想家だと思うんですよ。日本という場所でそういう人はゼロだとは言わないけれど、いわゆるアカデミズムと現場というものの境を往還しながら考えていること。マイノリティーとマジョリティーというものの境界に立ちながら考えていること。ご本人が望まなかったことかもしれないけれど、故郷福島が黙示録的な、人類史的な問いに曝されていること。それから沖縄に依拠しながら考えていること。そういう場所で考えて生産された言説は、残念ながらいまご本人もおっしゃったように、即時にこの状況を食い止める力にはおそらくならない。徹底的に破壊されないと目が覚めないし、日本は一回しか破壊されてなくて、しかもそれが不徹底だったから、ひょっとしたら二度目の徹底的な破壊を避けることができないかもしれない。実際そうなったら私も破壊されるから、そんなことは望まないけれど、二回目の破壊を念頭において生産された言説は投壜通信のようになってほしいと、私は思っています。

【註】

〈1〉「〈日本人よ〉と問うのは誰か―基地「引き取り」論の射程：仲里効氏に答える（続）」（『N27「時の眼―沖縄」批評誌』第八号、二〇一七年六月）

〈2〉その後、基地引き取り運動は各地に広がり、二〇一八年八月までに以下のグループが発足している。「沖縄差別を解消するために沖縄の米軍基地を大阪に引き取る行動」、「本土に沖縄の米軍基地を引き取る福岡の会（FIRBO）」、「沖縄に応答する会@新潟」、「沖縄の基地を引き取る会・東京」、「沖縄の基地引き取りを考える上五島住民の会」、「沖縄に応答する会@山形」、「沖縄差別を解消するために沖縄の米軍基地を兵庫に引き取る行動」、「沖縄に向き合う@滋賀」。

IV

「普遍主義」の暴力

日本的普遍主義とは何か

徐　二〇一六年三月にコスタリカ大学に招かれて講演してきました。講演の題目は「新たな普遍主義への希求」というものです（「ヨーロッパ的普遍主義と日本的普遍主義」と改題して、『日本リベラル派の頽落』〈高文研、二〇一七年〉に収録）。その中の一章が「反植民地闘争とふたつの「普遍主義」」というタイトルです。ちょっと読ませてください。

第二次世界大戦後の世界において、私たちに「普遍的価値」への希望を抱かせる出来事は、残念ながら、わずかしかなかった。南アフリカにおけるアパルトヘイト体制の打破を、そのわずかな希望的出来事の一つに数えることは許されるであろう。……こうした人種差別体制そのものが「人道に対する罪」であることが国際社会で確認されたことが、大きな成果だった（徐註―一九六六年、アパルトヘイトは国連憲章および世界人権宣言と相容れない「人道に対する罪」として国連から非難された。一九七三年、国連総会は「アパルトヘイト犯罪の抑圧及び処罰に関する国際条約」を採択した。一九九八年にはローマ会議において、国際刑事裁判所ローマ規程が採択され、同規程第七条(j)で、アパルトヘイトは「人道に対する罪」と規定された）。

この成果の延長上で、二〇〇一年、南アフリカのダーバンで国連主催「人種主義、人種差別、排外主義、および関連する不寛容に反対する国際会議」が開かれた。アパルトヘイト体制からの解放を勝ち取った南アフリカでこの会議が開かれたことそのものが、人類が人種差別や植民地主義を超えて前進していくことができるという希望を象徴する出来事だった。この会議は、欧米諸国が行なってきた奴隷貿易、奴隷制、植民地支配に「人道に対する罪」という概念を適用する可能性を初めて公的に論じる場所だった。

だが、会議は「法的責任」を否定する先進諸国（旧植民地宗主国）の頑強な抵抗に遭って難航した。アメリカとイスラエルは退席した。奴隷制度と奴隷貿易に対する補償要求がカリブ海諸国とアフリカ諸国から提起されると、欧米諸国はこれに激しく反発し、かろうじて「道義的責任」は認めたが、「法的責任」は断固として認めなかった。その結果、ダーバン会議宣言には奴隷制度と奴隷貿易が「人道に対する罪」であることは明記されたが、これに対する「補償の義務」は盛り込まれなかったのである。

このダーバン会議が閉幕してから三日後、「9・11」事件が起こったのである。それはまるで、平和的な対話を通じて植民地支配責任の問題を解決してゆく可能性に絶望した者による、欧米諸国への応答のようにも見える出来事だった。もちろん、一般市民に対する大量無差別殺傷は肯定されるものではない。だが、ことの由来を考えると、ダーバン会議で表明された理念を先進諸国が受け入れ、時間はかかっても対話を通じてそれを実践していく姿勢を示していれば、世界の人々（とくに旧植民地諸国出身者たち）にとっては、この世の光景はまだ希望的なものに見えただろう。それを力づくの「文明の衝突」という構図へと引き入れたことが、今日の悪夢の連鎖へとつながっている。

この話をする時に私が参考にしたのが、エマニュエル・ウォーラーステインの「ヨーロッパ的普遍主義」という講演なんです。二〇〇四年にカナダのブリティッシュ・コロンビア大学で行なったものです。つまり、イラク戦争開戦以後の状況の中でウォーラーステインが述べたことです。

ウォーラーステインの講演の要旨は、コロンブスが新大陸に到達した以降の歴史を想起しながら、ヨーロッパ人たちは「ヨーロッパ的普遍主義」を押し立てて、征服と植民地支配を行なった。そこではアメリカ大陸の人びとが普遍的価値に属さない人間である、だから自分たちは普遍的価値を実現するために、征服をやっているんだという正当化があったというものです。

ラス・カサス〈註1〉が一五五二年に、征服の残虐性、非人道性を告発した『インディアスの破壊についての簡潔な報告』を刊行し、スペインでヴァリャドリッド論戦が行なわれました。論戦相手であるセプルベダという神学者は、「自然法にしたがえば、理性を欠いた人びとは彼らよりも人間的で思慮分別を備えた立派な人たちに服従しなければならない」「人間の中には自然本性からして主人であるものと奴隷であるものがいる。あの野蛮人は死に追いやられることがあるとしても、征服されることによって、きわめて大きな進歩を遂げることができるのだ」と主張し、征服と植民地支配を正当化しました。

今では多くの人びとが、ラス・カサスの方に軍配が上がったというふうに漠然と認識しているのだけれども、けっしてそうではないとウォーラーステインは言ってます。この論戦は終わっていない、五〇〇年間続いていると。ラス・カサスの時代においては宗教的価値を普遍的価値として押し立てて征服が正当化された。だけど現代では「人権」や「民主主義」を掲げて侵攻している。かつての宗教的価値に代わって人権や民主主義が掲げられているけれど、その中身はヨーロッパ的なものであり、真に普遍的なものではない、と。

高橋　現代ではアメリカに体現されているものですね。

徐　ここでは長いレンジで、ウォーラーステインはイギリス・フランスの植民地支配についても念頭に置いているわけですが、彼らヨーロッパ人のいう「普遍的価値」というものが本当に普遍的であるかどうかを検証しなければならないということです。欧米を中心とする汎ヨーロッパ世界、私はここに日本も加えることができると思います。

高橋　現在の日本は一応建前としてそれを掲げていますからね。

徐　その指導者、主流派メディア、体制派知識人たちのレトリックは、自己の政策を正当化するために、普遍主義に訴える言葉があふれています。ウォーラーステインは、彼らが他者、相対的に貧しく発展途上国の諸国民に対する政策について語る際は特にそうである、と言っています。

彼らのレトリックには三つの種類があって、第一に、人権の擁護、民主主義の促進だとする主張、ここではイラク戦争を念頭に置いています。第二に、「文明の衝突」として語られるもの、そこでは常に「西洋文明」が普遍的な価値や主義に立脚する唯一の文明である、他の文明に勝るとされる。第三に、新自由主義的経済学の諸法則を受け入れる以外に他に選択肢はないと主張する。

これらは決して新しい主題ではなくて、ラス・カサス／セプルベダ論争以後の世界に一貫している構図であり、その論争は今も続いているという。ウォーラーステインはこのような、権力によって歪められた普遍主義を「ヨーロッパ的普遍主義」と呼び、それに対して、ほんとうの普遍主義、「普遍的普遍主義」を対置することを呼びかけます。「この二つの〈普遍主義〉の間の選択は避けられない。なんらかの超個別主義的立場（中略）に撤退することはできない。なぜなら超個別主義は、実はヨーロッパ的普遍主義と現在権力を有する者たちの力――彼らは非平等主義的で非民主主義的な世界システムの維持をもくろんでいる――に対する隠れた降伏にほかならないからである」。

だからといって、閉鎖的なナショナリズムとか鎖国のような排他主義というところに立てこもることもできない。我々はその二つの対立する世界の中で難しい道を迫られているという話です。

私は自分の講演で、これに続けて、「日本という問題」という話をしました。日本は明治以降、まさに福沢諭吉をはじめとする近代日本を構想した人びとが、ヨーロッパ的普遍主義の進出に遭遇し、そして自らがアジア、近隣諸国に侵略していくという道を選択しました。いわゆる脱亜入欧ですね。そこでヨーロッパ的普遍主義が日本の近代化に取り入れられましたが、そういう意味で日本も汎ヨーロッパ世界の一角に位置すると言えます。しかし同時にヨーロッパ的普遍主義にすら日本的歪曲を加えて、日本的普遍主義とでもいうものがそこで造られた。例を挙げると、アジア太平洋戦争において喧伝された「大東亜共栄圏」「八紘一宇」というイデオロギーです。朝鮮人の民族独立運動はたえず、普遍的価値に対する個別的挑戦であるというレトリックで弾圧されました。それは治安維持法の論理であり、例えば獄中死した詩人の尹東柱《ユンドンジュ》に対する判決文にもその思想が書かれています。

だからこの問題は、ウォーラーステインに倣って言うと、現在もまったく終わっていない。朝鮮に対してだけじゃなく、沖縄をめぐる問題でも、それが日本国の中心部日本国民にとって思想的にどういう意味があるかということを考えた時に、基地負担の平等・公正性ということはもちろんなのですが、より深い意味で言うと、明治以降のこうした構図から日本国民が抜け出る、ウォーラーステインの言葉で言うと、偽の普遍主義から本当の普遍主義に向かって進む、そういう困難な道への一つの方向性が読み取られなければならないし、そういう問題として我々は考えなければならないと思っています。

高橋　同感ですね。ウォーラースティンにヒントを得た徐さんの見事な考察に少しばかり付け加えるなら、日本の普遍主義を思想史的に見た場合、さかのぼれば本居宣長の国学に行き当たります。それまで中国に倣って国を作ってきた価値観をひっくり返して日本を中心に置くわけですが、そこには朝鮮に対する露骨な優越意識が表現されていました。

　時代が下った幕末では、吉田松陰の存在が大きいと思います。安倍晋三氏が「もっとも尊敬する人物」として挙げていますが、松陰は、日本が軍備を増強して琉球、「蝦夷」地、そして朝鮮、台湾、フィリピン、オーストラリアまで奪い取るという対外戦略を考えていました。その思想が松下村塾を通して明治維新の指導者たちに受け継がれ、帝国日本の植民地主義につながっていった。帝国日本の対外侵略は、ほとんど松陰の予言をなぞるような形で進んでいきました。

「大東亜共栄圏」が叫ばれた時代には、吉田松陰は「大陸・南進」思想の先駆者として大いに持ち上げられました。戦後は歴史小説やＮＨＫの大河ドラマで、開国の予言者といったイメージで英雄視されて取り上げられています。二〇一五年には松下村塾の建物が「明治日本の産業革命遺産――製鉄・製鋼、造船、石炭産業」として世界文化遺産に登録されました。

　吉田松陰の戦後日本にまで続く評価一つを見ても、明治以降の対外侵略の正当化がいかに根深いものかがわかるのですが、その中心には尊皇思想があり、それは旧日本軍の「征伐」という独特の言葉に見られます。つまり、天皇の軍隊に逆らう者は誤っていて、野蛮で、遅れた人びとであるからこれを「征伐」するという思想です。

沖縄について言えば、「琉球処分」という今でも一般的な表現は、本来日本に属する土地なのに明治政府の服属要求に応じないのでこれを「処分」したという意味です。「処分」という言葉を使う背景には、日本流の「普遍主義」があることは間違いなく、それは日本の侵略をつねに正当化するイデオロギーであったと言えるのではないかと思います。

中心部日本国民の「軛《くびき》」

徐　そのことに関して、京都学派についてお尋ねしたいと思います。「近代の超克〈註2〉」で展開されたようなレトリックは、ヨーロッパに対抗しながら日本独自の普遍主義を探ろうとして、結局、自国中心主義に陥ってしまったものと言えるでしょうが、今日では、彼らの主張は乗り越えられた、決着がついたと考えていいのでしょうか。アジア対ヨーロッパというような、被害者でありながら加害者でもある二重性が京都学派の発想にあり、その縮小版として、沖縄、朝鮮の人間が普遍的なものに到達するために日本的な近代の道を通ることが正しいというような、そういう二重に歪曲された発想が朝鮮に対しても沖縄に対してもあるのではないか。そういう点で言うと、沖縄の人びとは一時は皇国臣民化を強いられ、皇国思想に一体化させられたとも言えるし、ある部分は自らそうしたとも言えます。そのことは現在の反基地闘争の中で思想的課題として議論されたりしていますか。

高橋　私の知る限り、沖縄の論者の中で京都学派的な発想に親近感をもち、それを新たな形で再編して「普遍」に向かおうというような構えの人は、幸いにしていないように思います。

京都学派の中で、国体あるいは大東亜共栄圏のイデオロギーに近いところで論陣を張った高山岩男とか高坂正顕などは、当時のヨーロッパ哲学の最先端を一生懸命勉強したことは間違いなく、論理的水準は決して低いとは言えません。彼らの主張は結局のところ、世界は「日本的世界」になっていくのだ、おのおのが所を得るというのが天皇の思想で、世界が「皇化」に浴すればそれぞれが所を得る、アジアはアジアのものとなる、ヨーロッパはヨーロッパのものとなるのだと。天皇という「普遍」の下でのみ世界各民族は所を得るのだという形で、大東亜共栄圏の思想を哲学的に論理化したと言えます。

徐　ポストモダン的な知識人ですら、西欧的普遍主義に対する、一面では正当性のある反感とか違和感を抱えていて、それが日本的普遍主義の正当化という方向に機能するということはありませんか。

高橋　京都学派の影響があるかどうかは別として、日本を独自の文明圏として、欧米に対抗しうる文明圏として捉えようとする、そういう発想は根強くあって、保守派の言論人の中には当然ありますし、リベラル派の中にもないとは言えません。

たとえば、安倍政権を支える勢力の中でもある種の「使い分け」が見られますね。中国や北朝鮮を批判する際には、つねに自分たちを欧米の側において「自由」「人権」「民主主義」などの価値観を共有するグループの一員なのだということを強調します。中国の海洋進出についても「法の支配」を遵守する世界に自分たちは属しているのだと言うわけです。

その一方で、自民党の「日本国憲法改正草案」(二〇一二年)の「前文」に「日本国は、長い歴史と固有の文化を持ち、国民統合の象徴である天皇を戴く国家であり」と掲げて、欧米の普遍主義・価値観に裏打ちされた日本国憲法を改めて、明治憲法に戻るような復古的な思想に貫かれた憲法に改正しようとしています。

より具体的に言うと、〈創生「日本」〉(最高顧問・平沼赳夫、会長・安倍晋三)というグループがあります。このグループの研修会で右派系の政治家やジャーナリストが壇上で改憲への思いを語っているのですが、驚いたのは、会長代理を務める長勢甚遠《ながせじんえん》・元法務大臣(第一次安倍政権)の発言です。彼は自民党の改憲草案に対して次のように批判するのです。

「国民主権、基本的人権、平和主義、〈これは堅持する〉と言っているんですよ。みなさん、この三つはマッカーサーが日本に押し付けた戦後レジームそのものじゃないですか。この三つをなくさなければですね、本当の自主憲法にはならないんですよ。ですから私は自民党員ですけれども、まだこの草案には反対なんですよ。……たとえば、人権がどうだとか言われたりすると、平和が道だとか言われたりすると、怖じ気づくじゃないですか。それはわれわれが小学校からずっと教え込まれてきたからですよ。それを立て直すのはなかなか大変な作業ですが、みんなで力を合わせて頑張りましょう」（二〇一二年五月一〇日、https://www.youtube.com/watch?v=ZDOjGXAI03s〈二〇一六年一二月二六日閲覧〉）

安倍氏もにこにこして聴いているし、会場からも大きな拍手がありました。ヨーロッパ的普遍主義と言っているものを全面的に拒否したいという欲望が未だに日本の権力者の中に存在していることがわかります。これが「地金」につながる復古的な価値観ですが、しかし場面によっては、自分たちはつねに欧米の側にいるのだと言ってこれを使い分けるわけですね。

徐　大きく言うと、明治以降の構図と言うのでしょうか。両面性とも言えるし、辺見庸氏の言葉を借りれば、鵺《ヌエ》的に二つを使い分ける基準、誰がどの主体によって使い分けているのかということが曖昧というか、見えないままに動いていく。その枠組みから抜け出られないというより、むしろ強化してきている。しかもその二重性こそが日本のユニークネス（独自性）であり、利点なんだという考え方がはびこっているように思います。

高橋　その構図は、明治維新の中にはっきりと存在していましたね。明治維新は一方では王政復古であって、古代の天皇親政を復活させる、その天皇は祭祀を司るとしています。帝国憲法の「告文」は、現憲法で言えば「前文」にあたるものですが、「皇祖皇宗ノ神靈」に向かって語りかけています。こういうものが、アジアで最初と言われるヨーロッパの憲法を模した帝国憲法の中に組み込まれているわけです。そして不平等条約を改正するために、鹿鳴館を中心として文明開化を唱え、欧米のものを輸入していく。この両面性ですね。それがある意味では今も残っている。

徐　私は継続する植民地主義の中で、その支配にさらされている朝鮮や沖縄、その他の諸国、諸民族の人びとにとって、このような「普遍主義」というのは果たしてどうなのかを検証することが旧宗主国の中心部国民にも求められていると考えています。それは単に沖縄なら沖縄、朝鮮なら朝鮮の個別的価値（ナショナリズム）を主張して抵抗しているというだけではなくて、いま言っているような二重性、簡単に言うと日本国民にとっての「軛」から脱する展望をなんとかして探し出していくために、他者との対話が求められているということです。

しかし、他者との出会いは「慰安婦」問題を取ってみても、二項対立的に捉えられて、衝突というイメージで語られる場合が多い。なぜなら、その構造が内面化しているからです。したがって、内面化している自分自身の精神構造とも向かい合ってそれを超えるということを他者と共にやっていくことが思想的な課題となります。その中心部日本国民が取り組むべき精神構造上の課題は次の三段階に分かれると思います。

【第一段階】気の毒な沖縄の人たちを助けよう。

【第二段階】本土と沖縄を比べた時に、その不平等に倫理的・道徳的に耐えがたい。

【第三段階】この構造自体が自分たちの軛であるということを自覚する。

高橋　正確な分析ですね。「かわいそうだから助けてあげる」という発想がまだまだ「本土」の平和運動や反基地運動にはあると思います。加害責任の自覚がないので、これは沖縄の側から強い反発を受けています。第二段階の「差別は倫理的に耐えがたい」というのは、基地引き取り論の一つの動機になっています。第三段階は、自分たちが現在進行形の加害行為の構造的主体であるという関係を断ち切ることが、自分たちの尊厳を回復する道でもあるということですね。「本土」の基地引き取り論にも、こうした自覚は見られます。

象徴天皇制という地金

徐　「地金」論で避けて通れないのが天皇制の問題ですが、まず最近の大きなニュースとして、天皇の生前退位〈註3〉が取りざたされていますが、これについてはいかがですか。

高橋　生前退位論が出る前から、明仁天皇がリベラルな人で、美智子皇后と一緒に現在の安倍政権の改憲路線に対して、あるいは歴史修正主義路線に対して「最後の護憲派」として抵抗しているのだという議論が、リベラル派の中からも出てきましたね。天皇・皇后という地位をはずせば彼と彼女が個人としてリベラルな信条の持ち主であろうとは私も想像しますが、彼らの行為はあくまで象徴天皇とその皇后としての行為であることを忘れてはいけないし、今回の生前退位にしても、象徴天皇制を維持するために、現状ではそれが危ういという危機感、それが一番の動機なのではないでしょうか。

厳密に憲法に照らすならば、今回の天皇の発言は、政府が皇室典範の改正や特別法の制定を検討せざるを得なくしたり、摂政制度に対して否定的な思いを吐露したりと、かなり踏み込んだ政治的発言であって、憲法違反の疑いを否定できないと思います。

ところが同時に、憲法では天皇は「日本国の象徴」であるのみならず、「日本国民統合の象徴」でもある。私は憲法学者ではないので素人考えですが、日本国民「統合」の象徴というところに、ただ日本国の象徴であること以上の意味を読み込む余地があり、ここに重要な政治的意味があるのではないかと思うです。たとえば戦争や大震災が起こった時に、国民の間に加害・被害の関係とか、受益者と犠牲者の関係といった分裂が生じるのを防ぎ、それが拡大しないようにする、つまり危機の際にこそ「統合」する役割が求められている。平時であっても、たとえば沖縄で政府や「本土」に対する反発が強まった時に、現地訪問や沖縄戦犠牲者の慰霊によって沖縄県民の感情を慰撫し、日本国民への「統合」を維持する、といったことが考えられます。おそらく明仁天皇は、そうした「日本国民統合」のための役割を積極的に果たそうと思っていて、政府が認めていることでもあるし、憲法違反どころか自分こそは憲法の理念を体現しているとさえ思っているのではないか。

私自身は、憲法第一条を改正したいと考える人間です。つまり象徴天皇制もやめて日本を共和制にしたいと。天皇制が戦前戦中にもたらした災禍について天皇自身も日本政府も公的に反省の意を表したことはありません。明仁氏が個人的にどう思っていても、それができないのが天皇制です。天皇制ゆえに、現行憲法の民主的諸原理が十分に機能しない面も多々ある。さきほど見た長勢甚遠氏のような反民主主義的思想が日本の政治の中に根深く残っているのも、天皇制があるからです。よく言われるように、天皇家の人びと自身が基本的人権を享受できない制度でもある。残念ながら現状では、安保支持・死刑賛成と同じように、日本国民の圧倒的多数が象徴天皇制を支持しています。そういう中で私が主張したからと言ってただちに変わるはずもありませんが、今回の問題では、象徴天皇制そのものを問う声が少ないなとあらためて思いましたね。

徐　敗戦後も象徴天皇制という形で天皇制が残存したわけですが、いずれ時間の経過と共に前近代的な君主制は越えられていく方向にあるというような認識が少なくともある程度共有された時期がありました。なぜなら、論理的に考えて、ヨーロッパ的普遍主義対日本的個別主義という構図で見た時に、ヨーロッパ普遍主義に敗北して戦後社会が形成されたわけですからね。だけど、すぐにはできない。それはアメリカが東アジアの国際秩序を自国の政策に合わせるために天皇制を残存させたからで、したがって天皇制はなくなるべき運命にあるし、なくなる方がいいという考えが知識人の間にあった。しかし、その知識人自身も二重的で、論理的に考えればそうだけど、現実的にはそうじゃないよねっていう構図が実は内面化し、習性化して、いま、高橋さんが言ったように明晰に語る人はほとんどいなくなったように思います。

高橋　被災地に行って励ましたり、ハンセン病や差別された人びとの所に行って励ましたり、戦跡を巡って二度と戦争を繰り返さないように祈ったり――そういうポジティブな役割を果たしているのが明仁天皇だろうと、それどころか、安倍政権下で政治の暴走が続いている時に護憲の立場からこれにブレーキをかけている唯一の存在が明仁天皇だろうといった肯定的評価がリベラル派知識人にも見られますが、ここで天皇の役割に期待してしまうこと自体が天皇制そのものだと思うんですよね。

丸山真男が一九四五年の八・一五に「自由なる主体となった」と述べた日本国民はどこへ行ったのか。そんなものは初めからなかったのか。天皇を最後の頼みの綱とするのが日本国民にとっての「自由」なのか。それが問われているのだと思います。

徐 天皇制は近代日本のモンスターのような制度で、実態のない幽霊みたいなものを設定しておいて、あらゆる対立が調停され、その結果、支配層の利益に回収されるという装置ですね。

そういう思想的課題が改めて厳しく問われている局面がきたということです。今の天皇が生前退位を言わなかったとしてもやがて代替わりという時がくる。そうすると戦後の天皇制について、象徴天皇制をそのまま維持する／象徴天皇制は押し付けられたものだから元に戻す／象徴天皇制を止めて共和制にする、という選択を迫られることになります。七〇年前に問われていたらどうなったかわかりませんが、今なら九割以上の人が現状を承認するでしょう。つまり、自立した個人として、自由を求める主体として、自分たちの共同体、日本国家をどう構想するかということが本当は問われているはずなのに、自発的に臣民への道を選択する、ということになりそうです。

高橋 私が象徴天皇制をやめて共和制をと思うのは、憲法の人権原理と天皇制は両立しがたいと思うからです。自民党の二〇一二年・改憲草案にあるように、「天皇を戴く国家」とその「長い歴史と固有の伝統」が、個人の人権尊重原則よりも優先されてしまう恐れがつねにあるわけです。そしてまた、明治以来の絶対天皇制がどんな歴史的惨禍をもたらしたのかを考えると、その戦後責任・植民地支配責任が果たされていないと考えるからです。昭和天皇の「戦争責任」についてはある時期まで知識人の間にもこだわりがありましたが、代替わり後は「中心部日本国民」の大多数がジャッジメントすることをやめてしまいました。しかし、明仁天皇が個人的にリベラルで、アジア太平洋戦争については遺憾に思っているとしても、昭和天皇の「戦争責任」を認めるような発言はどうしてもできないわけです。

虚構の平和主義

徐　いま話題にしている憲法第一条の問題ですが、安保法制に反対する人びと、憲法九条を守れという人びとの中にはどう認識されているのか、あるいは植民地主義に反対する認識があるのかどうかという疑問があって、たとえそのような認識が欠如していたとしてもそういう運動に対しては応援していくべきだろうというスタンスで、二〇一五年夏に『現代思想』に原稿を求められた時に大変悩んだんですけれど、安保法制反対デモについて連帯しつつ批判するというスタンスで書きました（「他者認識の欠落―安保法制をめぐる動きに触れて」『現代思想』二〇一五年一〇月臨時増刊号、前掲『日本リベラル派の頽落』所収）。

それは比喩的に言うと、近代日本の中での朝鮮人と日本人の関係を投影しているわけです。天皇制の問題で言うと、近代天皇制という巧妙な装置が作られて、天皇は日本全国を巡幸し、臣民を慰撫する統合の象徴として機能してきた。高橋さんがいつも紹介される場面だけど、東京大空襲の直後に天皇が現れたり、戦後すぐの広島の爆心地に天皇が巡幸すると国民はひれ伏して統合されてしまう。それを拒否し続けたのが朝鮮人なんですよね。朝鮮に巡幸することは最後までできなかったわけです。

もちろん朝鮮人も抵抗に成功したとは言えませんが、そういう抵抗する存在としてある。つまり朝鮮は近代日本のダブルスタンダードの核心に触れる問題としてあるわけでしょう。女性国際戦犯法廷がまさにそうなんですね。だから和解は必要なんだけれど、問題を消し去るような和解はあってはならない。そのようなニセの和解は日本的普遍主義を超え、ヨーロッパ的普遍主義に接近し、さらにそれを超えて普遍的普遍主義にいくという、あるべき方向性に反する、私はそう考えているんですよね。

『現代思想』の原稿で触れたのですが、つまり戦後七〇年安倍談話は日本的普遍主義を再確認するものに終わった。しかし、日本のメディアや知識人の中でそのことを鋭く指摘したものは数少ない。

つまり、「日露戦争が、植民地支配のもとにあった多くのアジア・アフリカの人びとを勇気づけた」という認識がすでに自国の対外膨張政策の肯定から出発している。安倍氏はそこでは琉球、北海道、台湾支配については一言のお詫びも反省もないんだけど、同時に日露戦争において西欧諸国から押し寄せた植民地支配の波への危機感が日本にとっての近代化の原動力になったと自国を自賛した。

彼が言葉の上でも反省してみせたのは、第一次世界大戦後世界恐慌の中で、経済がブロック化する中で日本は孤立化し、満州事変を引き起こしたという部分――その部分について恐縮の意を示した。つまりそれはヨーロッパ的普遍主義の前に身振りだけでも反省して見せただけで、日本の対外膨張、植民地支配に対する反省でもお詫びでもなんでもないわけです。

むしろ、「あの戦争には何ら関わりのない、私たちの子や孫、そしてその先の世代の子どもたちに、謝罪を続ける宿命を背負わせてはなりません」という自己陶酔そのもののフレーズは、二〇一五年一二月二八日の日韓合意につながりました。

これが現在の日本の支配層、安倍政権だけの認識ではなくて、日本のリベラル派、メディアまでを含むマジョリティの認識の水準だと私は思っています。

このような認識の水準が保たれ、より増大していく方向は非常に悲劇的かつ暴力的な未来を予感させると思うのです。それは端的には北朝鮮との緊張関係に表れていて、これを暴力的に懲らしめるべきだ、征伐すべきだという議論が出てきた時に、大多数の日本の国民とか、あるいはメディアはこれを支持する、あるいはついていくだろう。韓国はまだ分裂していて、そちらに統合はされていない。そういう議論をする人と、歴史的な経験とか、日本に対する批判意識からそれに抵抗する人とがかなり拮抗している。そうすると韓国の中の抵抗する部分に対しても排外的で攻撃的な世論、情緒が形成されて、日本と朝鮮半島、中国まで含めて暴力的な事態が引き起こされる可能性は相当程度高くなっていると思います。中東で起きているようなことがこちらでは起きないだろうと予想することは根拠はないと思っています。

高橋 残念ながら私もその不安を感じています。北朝鮮の核開発について日本のメディアは「街の声」を拾って市民の不安を伝えたりしていますが、どうしてこういう状況が生じたのか、その歴史的な背景にはまったく触れません。日本の敗戦後、日本の植民地支配を一因として朝鮮半島が分断され、朝鮮戦争が起こります。この時、日本の米軍基地から国連軍として米軍が出撃して、朝鮮人民軍・人民解放軍と戦闘を行ないました。その後、休戦協定に至るも米軍は韓国から撤退せず、冷戦期以来アメリカの核が北朝鮮に向けられてきました。日本の植民地支配・戦後責任もまったく果たされていません。現在も米国中心の勢力によって核の標的になっている中で、自分の存在をアメリカに承認させるために核兵器開発に訴えているわけです。そういう背景の説明なしに、北朝鮮が一方的に核を開発して日本に脅威を与えているというスタンスの報道が繰り返されています。安倍政権はこの状況を奇貨として、東アジアは安全保障環境が不安定になっている、日本への脅威が増している、だから安保法制だ、防衛費の増額だと軍拡路線をひた走っています。

このほとんど出口がないような状況をどうやって突破していくか。それが私たちの切迫した課題だと思いますし、韓国の平和を志向する人たちから学んで、日本の中でいま劣勢にある戦争反対の人びとがあきらめず、今こそ力を尽くさなければいけませんね。

徐　虚構の平和主義――アメリカの核の傘を前提にしながら自分たちは平和主義であるという認識を持ち、対北朝鮮非難決議のようなことになると全会一致で成立させるような意識の二重性のことですが、そういうものは日本の外から見ているとかなりわかりやすいダブルスタンダードなんだけれど、日本の中にいるとそれは目に見えない状態になっています。

これは対案になるかどうかわかりませんが、私に見えていることは二つで、一つは北朝鮮とのさまざまな形のチャンネルを再建するしかないということ。チャンネルをぶつぶつと切断した安倍政権が、日米軍事同盟を一層強化することは全くの逆効果で、相手（この場合は北朝鮮）に脅威を与えてしまいます。まずは拉致問題や戦後補償など未解決の問題から手を付けて対話を始めるべきだと思います。

二つ目は、日本国民が連帯すべき相手は誰かということです。二〇一五年一二月二八日の「慰安婦」問題に関する日韓合意を例に考えると、朴政権は韓国世論を考慮して抵抗らしいことをしましたが、結局、アメリカと日本の連携に屈服しました。これは一九六五年の日韓基本条約の再現なんですよ。つまり、当時はアメリカがベトナム戦争をやっている最中であり、日本の植民地支配責任を曖昧にしたまま、日本は金を出せ、韓国は軍隊を出せということで、アメリカからの外圧によって条約を結ばされた。そこで植民地支配責任が明記されなかったことが長く禍根を残したように、一二・二八の「慰安婦」問題の「合意」についてもそれが再現されました。

だから連帯すべきは、韓国における反動局面、日本における反動局面にそれぞれ抵抗している人たち同士でということになると思います。日本国民の中には謝罪疲れとか、無意識の排外主義、継続する植民地主義などいろんな要素があって、抵抗している人たちこそが和解の妨げであるかのような歪んだ印象が定着しつつありますが、「少女像」を撤去せよという側ではなく、それを守れという側と連帯しなければならないわけです。そうでないと日本人の平和は守れない。沖縄についても辺野古や高江を守れという人たちと連帯しなければならないのです。

高橋　同感です。東アジアの平和を考えた時に、アメリカに依存しない安全保障体制を構築するためにも、その前提として東アジアの中で、おっしゃるような意味の連帯を広げていかないといけません。日韓・日中の間ではお互いの感情が悪化していて、日本では「嫌韓」「嫌中」、最近では「嫌沖」というのも出てきました。こんな状況を克服して相互の信頼を高めていかなければ、安全保障環境を変え、平和の秩序を創出することはできないと思います。

そのためにはいわゆる「歴史問題」がいかに重要かということです。侵略戦争への反省の上に二度と武器を取らないという約束として憲法九条を堅持しつつ、天皇制に象徴される過去を反省できない縛りを解いて、ヨーロッパ近隣諸国との信頼関係を回復したドイツのように、まずは日本側が歴史認識において韓国・中国をはじめとする周辺諸国の人びとの信頼を回復する。そしてあらゆる平和的手段、外交を通して東アジアの安全保障環境を米国に依存しない形で作っていく。

そのために連帯すべき相手は誰かということを、「中心部日本国民」はよくよく考えなければいけないですね。

【註】

〈1〉バルトロメオ・ラス・カサス（Bartolomé de las Casas）はスペイン人のカトリック司祭。一四七四年生まれ。一五〇二年にスペイン人征服者の船団に加わって、カリブ海のエスパニョーラ島に渡った。その時の彼はまだごく普通の植民者であり、植民地主義の不当性についての認識はなかったが、やがて従軍司祭として加わったキューバ島征服戦争で先住民に対する拷問と虐殺を目の当たりにして激しい良心の呵責を感じるようになった。一五一四年、従軍司祭の地位を捨て、所有していたインディオ奴隷を解放し、エンコミエンダ制（事実上の奴隷制）を厳しく糾弾した。一五四一年末、国王カルロス五世に謁見して、征服の即時中止を訴えた。

〈2〉「近代の超克」は、戦中期の文芸誌『文学界』（一九四二年）に掲載された一三名の評論家によるシンポジウム。単行本として一九四三年に刊行された。同シンポジウムは、近代の日本文化に多大な影響を与えてきた西洋文化の総括と超克を標榜して行なわれた。参加者の大半は京都学派（「世界史の哲学」派）の哲学者、旧『日本浪曼派』同人・『文学界』同人の文学者・文芸評論家により構成されていた。

〈3〉二〇一六年八月八日、現天皇（明仁）は生前退位の意向を示す「お言葉」を述べた。これを受けて、天皇の退位を一代限りで認める特例法が二〇一七年六月九日、参院本会議で可決・成立。この結果、二〇一九年四月に現天皇の退位（新天皇への譲位）が行なわれる予定である。

資料編

一点の灯

高橋 哲哉

この国の「地金」が剥き出しになってきた。

まるで、戦後民主主義と平和主義の全ては、この「地金」を暫時隠していたメッキにすぎなかった、とでもいうかのように。

半世紀前までこの国は、侵略戦争を繰り返し、植民地支配による他民族差別、自国内での階級差別、女性差別などによって「帝国」を維持していた。近代日本国家は、戦争と差別を通して造り上げられたのだ。

一九四五年の敗戦は、民主主義と平和主義の憲法をもたらしたけれども、この国の「地金」に本質的変化はなかったのであろう。いま、再び、戦争と差別の時代がやって来ようとしている。戦争肯定と差別の上に居直る言説が解禁され、むしろ「普通の人々」の喝采を浴びている。国策に抗う少数者は、権力による弾圧だけでなく、市民社会からの攻撃と排除の脅威にもさらされている。

困ったことに、この時代の真実を人々に伝えるべきマスメディアは、すでに、戦争と差別の時代に棹差している。

掛け値なしの危機の時代。問われるべきは広義の「知」と「文化」に関わる者の責任である。

この間、人文・社会科学では、国家や資本や文化の暴力を解析する先鋭な理論が練り上げられてきた。しかし、汗牛充棟《かんぎゅうじゅうとう》の研究書や論文は、この反動の時代への抵抗の武器としてどれほどの役割を果たしえているのだろうか。

「知識人の使命」といったアナクロニックな幻想を掻きたてようというのではない。国家批判の「知」が意味をもつ唯一の場面に介入できないならば、そもそも何のための「知」であったのか、空しさが募るばかりではないか。

私たちも、みずからの非力さは十分承知している。時代の大勢が音を立ててある方向に流れていくとき、思想や芸術だけでそれを押しとどめられるわけではないことも、歴史を見れば明らかである。にもかかわらず、いま、ここで、何もせずに敗北するわけにはいかない。戦争と差別の時代を許せば、私たちの敗北である。しかし、抵抗せずに敗北するよりは抵抗して敗北するほうがずっといい。

はてしない四方は暗黒にとざされているが
天空には星の群れが輝いている

雪をうつすには余りにも遠く弱い光だが
喜ばしいことに書物を照らす一点の灯がある
——郭沫若

私たちはあきらめない。どんな「暗い時代」にも、暗闇に抗して思考し、言葉を紡ぎ、闇に紛れた他者たちに向けて声を発した人たちがいた。そうした思考、言葉、声に勇気づけられ、私たちも思考し、言葉を紡ぎ、声を発していきたい。

（創刊リーフレット「前夜への招待」、二〇〇四年）

かえりみて羞恥の感なきを……

高橋 哲哉

この国の首相はいま、靖国神社参拝を「精神の自由だ」と強弁し、よりにもよって憲法一九条「思想・良心の自由」を引き合いに出して正当化しようとしている。政教分離原則に反し違憲だとの司法判決を「理解できない」と繰り返してきた首相だが、その憲法理解が民主主義のイロハもわきまえないものであることが、いまや明々白々になったと言えよう。

しかし、首相だけを笑って済む問題ではない。その暴論を批判する政治家の声も聞こえなければ、ジャーナリズムが徹底追及したという話もない。問われているのは結局、思想・良心の自由や信教の自由など、およそ「精神的自由」の保障に対する日本社会の理解の水準そのものではないだろうか。

敗戦直後の九月三十日、マッカーサー司令部が言論の自由に対する新措置の指令を出したとして、作家の高見順は日記にこう記している。

「これでもう何でも自由に書けるのである！　これでもう何でも自由に出版できるのである！

生まれて初めての自由！

自国の政府により当然国民に与えられるべきであった自由が与えられずに、自国を占領した他国の軍隊によって初めて自由が与えられるとは、——かえりみて羞恥の感なきを得ない。日本を愛する者として、日本のために恥ずかしい。［中略］自国の政府が自国民の自由を、——ほとんどあらゆる自由を剥奪していて、そうして占領軍の通達があるまで、その剥奪を解こうとしなかったとは、なんという恥ずかしいことだろう。」（『敗戦日記』）

当時、こんな「羞恥の感」を抱いた日本人がいったいどれだけいただろう。高見のこの感慨にはしかし、つい一ヵ月前まで「日本文学報国会」で活動していた作家の限界も見える。彼は「**自国の政府により**当然国民に**与えられる**べきであった自由」と書いているのであって、「**自国の政府に対して人民が保障させる**べきであった自由」と書いているのではない。彼が恥ずかしく思っているのは、自国民の自由を剥奪した「自国の政府」が「その剥奪を解こうとしなかった」ことであって、人民が自国の政府と闘い、それを倒して、**自ら自由を獲得できなかった**ことではない。高見の感覚は、いまだ「大日本帝国憲法」的段階にあったと言えるかもしれない。

約半年後、丸山眞男が早くもこう書くことになる。「日本軍国主義に終止符が打たれた八・一五の日はまた同時に、超国家主義の全体系の基盤たる国体がその絶対性を喪失し**今や始めて自由なる主体となった日本国民**にその運命を委ねた日でもあったのである。」（「超国家主義の論理と心理」）

一九四五年八月十五日に、「日本国民」が「自由なる主体となった」というのは、戦後民主主義の神話であろう（丸山自身は「配給された自由」を問題化したのだが）。では、日本人は、日本の現代史のいったいどこの時点で「自由なる主体となった」と言えるのだろうか。どのような経験を経て、どのような自由を獲得したと言えるのか。自由の経験なきところでは、憲法上の自由権は画餅にすぎない。

（『前夜』二〇〇六年春号）

カヽル試練ナクシテハ……

高橋 哲哉

一八九一年一月九日、東京本郷の第一高等中学校で事件が起きた。教育勅語奉読式で、嘱託教員の内村鑑三が、明治天皇の宸署に深々と礼拝することにキリスト者として一瞬「良心の咎め」を覚え、「躊躇」して軽い御辞儀にとどめたところ、これが国家の元首に対する「不敬」に当たるとして、各方面から猛烈な非難を浴び、辞職を余儀なくさせられたのだ。

わずか三ヵ月の間に［社会的破門］に追い込まれ、激烈な肺炎に罹患し、愛する妻を失った内村は、越後の高田に転地して心身を休め、そこで米国の友人エルフレッド・ストラザースに宛てて手紙を書く。その一節——

「僕ハ僕ノ場合ガ人ノ子等ノウチニテ最悪ノモノナリトハ信ゼズ、然シ、友ヨ、君ハ破レシ家庭、衰ヘシ健康、甚ダシキ誤解、カクマデ愛スル国民ニ依ル迫害、ソレガ一度ニ頭ノ上ニ襲ヒ掛リシ状ニツキ、或ル観念ヲ抱キ得ルナリ、而モ僕ハ理解セザルベカラズ、政治的自由（Liberty）ト信教ノ自由（freedom of conscience）トハ如何ナル国ニ於テモソノ献身セル子等ノ間ニ何カカヽル試練ナクシテ八購ハレザリシコトヲ、……」（一八九一年七月九日書簡）。

百年以上もの時が流れた今日、何がどれだけ変わったのか。学校行事での君が代・日の丸の強制は、現代の勅語礼拝とも言える。近年、広島県、久留米市、町田市等の教育委員会が君が代斉唱時の子どもたちの声量を問題にしたのは、頭の下げ具合を問題にした内村のケースと本質的に変わらない。

内村は、事件の前々年に施行された帝国憲法に条件つきで保障された信教の自由が、天皇制国家から臣民に「下賜」されたものであることの弱点を直感していた。日本国憲法は、思想・良心の自由と信教の自由を無条件で保障しているが、考えてみれば、これらも、この国の人々（ピープル）が心の底から欲しいと望み、それらを認めない帝国の体制をみずから否定して獲得したものではない。敗戦の結果、「もたらされた」ものである。

この国では今も、憲法の民主的諸価値の文字の下に、天皇制の諸装置が「地金」のように存在している。民主的諸価値を本当にこの国に根づかせるためには、そのために「献身せる子等の間に何かかかる試練」が必要なのではないか。強制に抗してピアノ伴奏拒否や不起立を選択し、処分されても闘いつづける教職員は、まさに「かかる試練」を今、現在、生きている人々ではないか。

内村鑑三は教育勅語礼拝を批判したが、教育勅語の内容自体は受け容れていた。日清戦争時は、後に撤回したものの、日本の「自由政治」「自由宗教」の名の下に「義戦論」を展開した。日本の植民地となった朝鮮に「同情」を、朝鮮のキリスト者に大きな「期待」を抱いていたが、植民地統治そのものを否定することはできなかった。百年後の私たちは、内村が直感した「与えられた自由」の弱さを自覚しつつ、内村の弱点を超え、内村の先に行かなければならない。

（『前夜』二〇〇五年春号）

敵は幾万ありとても……

高橋 哲哉

さる三月十三日、私は福島県の西部、会津坂下町《あいづばんげ》にいた。会津盆地の中央に位置し、人口一万人余り。この小さな静かな町に、じつは私は四十年前、わずか一年間だが住んだことがある。いたるところに思い出のある懐かしい町は、冬の名残りの粉雪が舞っていた。

私の目的は、この町の中央公民館で上映される映画『敵は幾万ありとても』を観ることにあった。一九四四年制作の東宝映画で、監督・斎藤寅次朗、主演は古川緑波《ロッパ》。

舞台は当時のこの町の国民学校であった。この町でロケをし、国民学校の生徒や地元の人たちが多数、エキストラで参加して撮影された。完成後、東京などで上映されたほか、戦地の日本軍の慰問映画としても使用されたらしい。敗戦後、お蔵入りになっていたが、地元の人たちの要望で東宝からフィルムが出てきて、ロケ地で上映会が行なわれる仕儀となったのである。

冒頭、いきなり日露戦争の「日本海海戦」のシーンで幕を開ける。なぜか。古川緑波演じる主人公、会津坂下町の国民学校校長・佐藤堅太郎は、教え子を愛し、厳しくも優しい人柄の好人物である。生徒たちから慈父のように慕われ尊敬されている。その彼が、じつは「日本海海戦」のときに旗艦・三笠の艦上にいて、「名誉の負傷」をしたことを誇りにしているという設定なのだ。だから、佐藤校長にとって、最愛の長男・隆治が海軍の航空兵になっていることほど大きな喜びはない。愛する教え子たちに「希望と闘志」を与えたいと願う彼は、海軍航空本部から飛行機を一機払い下げてもらい、自校の校庭に置きたいと考える。私利私欲ではなく生徒たちを思う「純粋な」気持ちから、飛行機設置のためのあらゆる努力を惜しまない。

佐藤校長の尽力が実を結び、いよいよ校庭に海軍の飛行機が設置されたその日。全校生徒、教員、町民、来賓を校庭に集めて盛大な式が始まる。海軍航空隊の飛行機が上空に現われ、それを見た生徒たちは大歓声を挙げて日の丸を打ち振る。

するとそのとき、日本軍の「戦果」を伝えるラジオの臨時ニュースが校庭一杯に流れる。「大本営発表」によれば、校長の愛息・佐藤隆治中尉が敵艦隊に打撃を与えて戦死したという。一瞬の静寂の後、響きわたる「海行かば」の合唱。佐藤校長は、生徒たちに海軍航空隊への憧れを教えるために飛行機を学校に持ってきたのだが、その憧れの果てにあるものは戦死に他ならなかったのだ。

来賓の海軍軍人が生徒たちに訓辞する。「我々の行くべき道はただ一つ。尊き英霊の行きし道に続くのみであります」。生徒たちはまた一斉に日の丸の小旗を打ち振り、校庭全体が「名誉の戦死」と「英霊」を讃える歓声で沸きかえる。佐藤校長は、眼に涙を滲ませながらも胸を張って立ち尽くす。

最後の校庭のシーンを見ながら、大袈裟でなく、私は背筋に戦慄が走るのを覚えた。それはまさにファシズムの光景だった。「愛国心」教育が学校をファシズムの空間にしていくことをまざまざと示す光景だった。しかし、それだけではない。私が背筋に戦慄が走るのを覚えたのは、もしかしたら私もそこにいたかもしれないという感覚のせいだった。

私は小学校四年生の一年間、あの学校（戦後の坂下小学校）に在学していた。私がいたその小学校の、その校庭が、まさにファシズムの現場だったのだ。私がそこにいるのがもし二十年早かったら、まちがいなく私は、日の丸の小旗を打ち振るあの子どもたちの一人になっていただろう。母校の先輩の「名誉の戦死」に歓声を挙げ、靖国の「英霊」となった先輩に続くことを誓う「少国民」になっていただろう。

教育はこわい。とりわけ国家が教育の主体となり、「愛国心」教育を掲げるときには。

おりしも国会に教育基本法「改正」の政府案が上程された。そこには「教育の目標」として、「伝統と文化を尊重し、それらをはぐくんできた我が国と郷土を愛する態度」の涵養が謳われている。

このような「改正」がなされれば、国旗・国歌の強制などに法的お墨付きが与えられるだけでなく、「愛国心」教育の達成度が評価の対象となるため、生徒も教員も学校も「愛国心」競争に駆り立てられていくおそれがある。

この場合の「国」は「統治機構」を意味しないので、国家主義にはならないという説明がなされているが、見当違いもはなはだしい。『敵は幾万ありとても』の映画で、国民学校の生徒たちが歌う「今ぞ決戦」。「死ぬも生きるも国のため／意気は凛々しく天を衝く／「今ぞ決戦」結んだ口の／断の一文字貫くぞ」。「死ぬも生きるも国のため」の「国」は、単なる統治機構ではありえなかった。日本国民がそのために死ねるほど愛すべきとされた「国」とは、まさに「祖国」であり、「日本」であり、固有の歴史・伝統・文化すなわち「国柄」をもつ「天壌無窮」の「皇国」であった。統治機構を超えた「我が国と郷土」であったからこそ、国民に犠牲を要求できたのである。

『敵は幾万ありとても』で、当時の「少国民」に「希望と闘志」を与えている海軍航空隊。だが、その「希望と闘志」の先にあったのは、戦死そして靖国神社だけではなかった。たとえば、中国で「ヒロシマ以前のヒロシマ」と呼ばれる重慶大爆撃を行なったのも海軍航空隊にほかならなかった。私がこの映画を観た二週間後、重慶大爆撃の犠牲者の遺族たちが、謝罪と補償を求めて東京地方裁判所に提訴した。

（『前夜』二〇〇六年夏号）

高野山のチョウ・ムンサン

高橋 哲哉

この夏、機会を得て、高野山奥の院を訪ねた。弘法大師の墓もさることながら、戦没者の追悼碑等がどのように建てられているのかに関心があった。

「英霊殿」と呼ばれる巨大な建物の向かって右側。もっとも見たかったものに辿り着いた。「昭和殉難者法務死追悼碑」。

聞きしに勝るとはこのことである。決して広いとは言えない空間に、供養塔、霊票（刻名碑）、追悼碑、地図掲示板等がびっしりと立ち並んで壮観だ。

入り口のところに大きな地図が掲げられている。「戦争受刑者死没地略図」だ。日本、中国、東南アジア、オーストラリアにわたる略地図の中に、イギリス、オランダ、フランス、中国、オーストラリア、フィリピン、アメリカ、連合国による戦犯裁判で受刑、死亡した人の人数が、その死没地と死の態様（刑死、病死、自決等）ごとに記されている。全体で刑死九百三十四、病死百四十二、事故死二十三、自決三十九、死因不明二十一、合計千百五十九名となっている。「連合国」によるものは、死没地巣鴨、刑死七、病死七、合計十四名。ほかでもない東京裁判（極東国際軍事裁判）と「A級戦犯」のことである。「昭和殉難者法務死追悼碑」とは、要するに、日本の敗戦後、連合国による戦犯裁判で処刑された人々の追悼碑なのである。

資料によると、この追悼碑は一九九三年八月に前橋陸軍士官学校出身有志によって企画され、翌年五月に完成して、高野山真言宗管長を導師として除幕開眼法要が行なわれた。最初の追悼対象はその時点で「昭和殉難者」とされていた千六十八名であったが、その後明らかになった者を追加してきている。

靖国神社への「A級戦犯」合祀は、首相の参拝に絡んで大問題になっている。ならば、この「昭和殉難者法務死追悼碑」は、それとどう違うのだろうか。

靖国神社はかつて国家神道の一翼を担い、陸軍省・海軍省所管の「戦争神社」として発展した過去をもつ。一般戦没者と同じく「戦犯」をも英霊として顕彰しつづけている神社だ。他方、高野山は怨親平等思想をもつ仏教の聖地である。秀吉の朝鮮出兵後に薩摩藩主が建てた「高麗陣敵味方戦死者供養碑」もある。そのような場所で、純粋な「追悼」や「供養」の対象として弔うならば、「戦犯」であっても問題はないのではないか。

しかも、報道によれば、この追悼碑は「日中友好の精神」の産物である。供養塔、追悼碑、霊票等の石材は中国産の金剛石、黒みかげで、彫刻や設計を含む一切が中国国営企業の手でなされた。もともと発起人が、和歌山県の友好都市である中国山東省の会社を訪問し、「戦犯者慰霊の趣旨を説明して、賛意を得て奉仕的な値で契約。大戦のおん《(ママ)》念を超えた日中の「戦犯慰霊」の協力が実現した経緯がある」という（紀伊民報AGARA、二〇〇一年五月二十四日）。

私は「追悼碑」の碑文に目を走らせた。興味深いものなので、少し長いが全文を引く。

夫レ仁者ハ当ニ天下ノ憂イニ先立チテ憂エ天下ノ楽シミニ後レテ楽シム今此ニ弔慰ヲ捧ゲントスル山下奉文大将閣下及ビ壱千六十八柱ノ英魂ハ身夙ニ軍籍ニアリ只管国策ノ伸張ニ専念シ偏ニ国運ノ開拓ニ戮力セリ然レバ第二次世界大戦ノ勃発スルヤ身ヲ寒北ニ挺シテ砲煙弾雨ヲ淩ギ肝ヲ南溟ニ砕イテ屍山血河ヲ越ユ具ニ艱難ヲ嘗メテ従容莞爾唯国アルヲ知リテ我アルヲ知ラズ義アリヲ思ウテ身アルヲ忘ル蓋シ天ノ将ニ大任ヲ降サントスルヤ必ズ先ズ其ノ心志ヲ苦シメ其ノ筋骨ヲ労セシムレバナリ然ルニ何ゾ図ラン時運拙ナク国策ノ破綻ニ会シテ所期ノ目的ヲ果ス能ワズ功ハ敗戦ノ汚名ニ抹シ労ハ降伏ノ恥辱ニ包マレテ慰ムル能ワザリキ連合国礼ナク遂ニ名ヲ戦争犯罪裁判ニ借リテ冤罪ヲ刑場ニ誅セラル其ノ恨ム所真ニ万斛耳之ヲ聴クニ耐エズ心之ヲ偲ブニ堪エザリキ爾来光陰早クモ転ジテ半世紀ヲ閲ス日愈遠クシテ思愈滋ク思滋クシテ情更ニ濫ル怪々タル海潮ノ声ヲ聞イテハ魂魄ノ今ニ迷エルニハアラザルカヲ疑イ燦々タル天辺ノ星ヲ仰イデハ英霊ノ今ニ瞬ケルニハアラザルカヲ思ウ重ネテ其ノ功烈ノ

平和安寧ノ風ニ蕩散シ日月怱忙ノ波ニ忘失セラレンコトヲ恨ム如カシ幽魂ヲ天地ノ外ニ慰ムルノ手段ヲ取ランニハ依ッテ我等高野山奥ノ院ニ追悼ノ碑ヲ建立シ弘法大師ノ照鑑ヲ仰イデ其ノ雄志ヲ紫明ノ山水ニ留メントス今ヤ諸士ノ憶念シ止マザリシ東亜ノ康寧人類ノ福利具現スルノ日至レリ以テ瞑スルニ足ルベシ仰ギ願ワクバ十方ノ諸仏此等ノ幽魂ヲ誘引シテ速ヤカニ無上ノ覚位ニ導キタマワンコトヲ

平成六年　　高野山真言宗宗務総長　新居祐政　撰

ここに「高野山真言宗宗務総長」の名で語られているものが、靖国の場合とほぼ同一の英霊顕彰思想であることは否定できないだろう。

ここに言う「壱千六十八柱ノ英魂」について、靖国神社の語りはこうだ。「戦後、日本と戦った連合軍（アメリカ、イギリス、オランダ、中国など）の、形ばかりの裁判によって一方的に〝戦争犯罪人〟という、ぬれぎぬを着せられ、むざんにも生命をたたれた千六十八人の方々——靖國神社ではこれらの方々を「昭和殉難者」とお呼びしていますが、すべて神さまとしてお祀りされています」（『やすくに大百科』靖国神社社務所発行）。同じ論理によって、山口県護国神社、愛媛県護国神社等には、地元出身の「昭和殉難者」を顕彰する碑がある。

高野山真言宗宗務総長の語りにおいても、「A級」であれ「BC級」であれ、「戦犯」は、ひたすらもっぱら国家の発展に尽力し、国家のために自己を犠牲にした「英霊」である。彼らは「礼」を知らない連合国の一方的な裁判によって「冤罪」を負わされたにすぎず、その「功」ないし「功烈」は決して忘れられてはならない。このように、国家のために身命を捨てて尽した功績を褒めたたえる英霊顕彰が、「十方の諸仏」による救済や「追悼」と一体化している。ここには、靖国神社と同質の英霊顕彰を行なって戦争に協力してきた敗戦までの仏教教団の歴史が、反省なしにそのまま引き継がれてしまっているのではないか。

たしかに、東京裁判やBC級戦犯裁判に問題がなかったわけではない。むしろ大ありだった。BC級戦犯裁判に冤罪が少なくなかったことも事実であろう。しかしだからといって、戦犯裁判のすべてを「冤罪」として受刑者全員を免責し、彼らが当時の「国策の伸張」と「国運の開拓」に尽したことをその「功」ないし「功烈」として讃えることは、つまるところ、戦争指導者の戦争責任と日本軍の戦争犯罪すべてを無化することに等しい。この点で、靖国神社の語りと高野山の追悼碑の語りとは軌を一にしている。そもそも「昭和殉難者法務死追悼碑」という名をもつかぎり、この碑は最初から靖国神社の立場（「昭和殉難者」）と、日本政府の立場（「法務死」）を、それぞれ何ほどか共有しているのだとも言えよう。

「A級戦犯」、「BC級戦犯」というカテゴリーは、多くの問題を含んだ連合国の軍事裁判で用いられたものであるから、これを絶対化すべきではない。しかしだからといって、日本の戦争責任がなくなるわけでもなければ、日本軍の行なった戦争犯罪が犯罪でなくなるわけでもない。問題は、それらをより正確に認識し、自ら判断することである。

仏教という宗教の立場にたてば、たとえ「A級戦犯」であっても、あるいは実際に戦争犯罪を犯していて冤罪ではなかった「BC級戦犯」であっても、すべて差別なく「追弔」し、「供養」することが可能であろう。しかし、「戦犯」を英霊としてその功績を讃えることは、国家の観点に立つことであって、純粋に仏教的な「追弔」や「供養」ではありえない。重要なことは、「追弔」や「供養」と「顕彰」を、また「追悼」と「顕彰」を混同しないことである。

「昭和殉難者法務死霊票」と称する刻名碑を見ていて、私の目は、ある名前に釘づけになった。趙文相。

そう、NHKスペシャルの名作『チョウ・ムンサンの遺書――シンガポールBC級戦犯裁判』（一九九一年八月十五日放映）で知っていた、あの趙文相《チョウムンサン》だ。名前の下には「陸軍属　英」と書いてある。沖縄県四名、奄美大島二名の次に、「朝鮮」として二十一名の名が挙がっているうちの後ろから二番目だった。「朝鮮」の次には「台湾」出身の該当者の名前がつづいている。

チョウ・ムンサンは、ビルマの捕虜収容所で通訳をしていた日本陸軍軍属であった。日本の敗戦後、捕虜に対するリンチのかどでイギリス軍による裁判にかけられ、本人は強く否認したものの死刑の判決を受け、シンガポールのチャンギー刑務所で処刑された。

「戦陣訓」の「生きて虜囚の辱を受けず」とする教えを受けた日本軍は、捕虜に対する非人道的行為を重ねた。連合軍捕虜たちがそうした日本軍に向けた激しい憎しみの前面に立たされたのが、捕虜監視員をさせられた朝鮮人軍属だった。「ビンタぐらいはした」かもしれない通訳のチョウ・ムンサンも、植民地から動員され、日本軍の戦争責任の肩代わりをさせられて処刑された一人だった。

あのチョウ・ムンサンが高野山の「昭和殉難者法務死霊票」に刻名され、日本国家に尽した「功烈」によって「英霊」にされているとは!

チョウ・ムンサンの「冤罪」は、本来ならば、彼をそうした場面に追いやった日本の責任を明らかにする方向で晴らされなければならないのに、ここでは逆に、もっぱら日本の責任を無化するために強調されている。チョウ・ムンサンの「冤罪」が晴らされるのは、日本の「冤罪」を晴らすためにすぎないのだ。

そして私は、もう一つのことに気づいた。あのチョウ・ムンサンが、靖国神社に「護国の神」として合祀されているという事実である。

高野山の追悼碑で最初の対象になった「壱千六十八柱」は、靖国神社が「昭和殉難者」として合祀した「千六十八人」にほかならない。この中に、「A級戦犯」東条英機元首相らとともに、チョウ・ムンサンら末端の朝鮮人・台湾人軍属が含まれているのは明らかだ。
朝鮮のキリスト者であり、日本軍の戦争責任を肩代わりさせられたチョウ・ムンサンらが、いったいどうして、日本の戦争と植民地支配を今なお正当化しつづける英霊顕彰施設、靖国神社に祀られなければならないのか。考えるほどに眩暈がするような事態だ。
チョウ・ムンサンは、二十六歳で刑場の露と消える無念さをにじませながら、遺書にこう書きつけていた（巣鴨遺書編纂会編『世紀の遺書』、一九五三年）。

たとへ霊魂でもこの世の何処かに漂い度い。それが出来なければ誰かの思ひ出の中にでも残りたい。

チョウ・ムンサンの「霊魂」を、「靖国という檻」（菅原龍憲）から解放しなければならないのではないか。その他、遺族が同じく解放を望むすべての「霊魂」をも。

（『前夜』二〇〇六年冬号）

デリダと犠牲《サクリファイス》への問い

高橋哲哉

私たちはもはや、誰がアブラハムと呼ばれるのかを知らない。

ジャック・デリダ『死を与える』

デリダはこう言って、キルケゴールが『おそれとおののき』で展開した「イサクの犠牲」に関する解釈の「真理」を強調している。正確に言えば、「私たちの責任と、あらゆる瞬間に**死を与えること**に対する私たちの関係との逆説的な真理」を、当の解釈は語っているというのだ。

アブラハムは、愛する独り子イサクをホロコースト（全焼の犠牲）に捧げよ、という神の呼びかけを聞き、沈黙のうちにモリヤの山頂でイサクに刀を振り下ろす。が、その瞬間、「神をおそれる者」であることが証されたとして、天使によって制止される。アブラハムは、イサクの代わりに雄羊をホロコーストに捧げる。

デリダによれば、神の呼びかけに聴従してイサクに刀を振り下ろすアブラハムのふるまいには、他者の呼びかけに応答し責任を果たそうとする者が一瞬たりとも逃れることのできない「絶対的犠牲」(sacrifice absolu)の構造が示されている。ある他者(神)に対して忠実であろうとすれば、他の他者(イサク)を犠牲にしなければならない。「私は他の他者を、他の他者たちを犠牲にすることなしには、ある他者の呼びかけ、要求、責務、それどころか愛に対しても応えることはできない」。これは、キルケゴールの言う「信仰の騎士」だけが直面する例外的な事態ではない。法的・政治的決定はもとより、あらゆる倫理的決定にとって免れることのできない構造であり、「**あらゆる男女があらゆる瞬間に**直面する責任をそのパラドクスにおいて」表現するものなのだ。したがって、「私たちはもはや、誰がアブラハムと呼ばれるのかを知らない」。

この構造は、責任や正義や決定に関する終わりなき問いの連鎖を引き起こす。犠牲の構造はまず、「日常的なものの構造そのもの」である。私はこの原稿を書くことである他者たちへの責任を果たそうとしているが、そのためにだけでも、他の多くの他者たちとの関係を犠牲にしており、他の多くの他者たちに無責任となっている。この無責任でさえ、批判や追及や告発の対象になりうる。

しかし、この構造が「犠牲」の本来の意味で、「**死を与えること**に対する私たちの関係」において問われるとき、パラドクスは昂進する。デリダは書く。もしも、ある父親(現代の「アブラハム」)が神の声を聞いたと言って息子を犠牲にしたら、この父親は、現代の文明社会のあらゆる法的・

倫理的装置によって子殺しのかどで告発されるだろう。ところが、

「反対に、このような社会の順調な働きも、道徳や政治や法＝権利（droit）に関するその言説のうなり声も、その（私法、公法、国内法、国際法を問わず）法＝権利の行使さえも、次の事実によってなんら調子を狂わされることはない。すなわち、その文明社会が創設し支配している市場の構造と諸法則ゆえに、対外債務のメカニズムとそれに似た他の多くの非対称関係ゆえに、同じその〝社会〟が、数億人もの子どもたち（倫理学や人権の言説が語る隣人であったり、同胞であったりする）を飢餓や病気で死亡**させる**、あるいは〔……〕死亡するに**まかせている**が、道徳上・法律上のどんな法廷も、この犠牲――自己自身を犠牲にしないための他者の犠牲――について審判できない、という事実によって。このような社会は、計り知れないこうした犠牲に与っているのみならず、こうした犠牲を組織化している。その経済的、政治的、法的な秩序が順調に機能し、その道徳的言説と良心が順調に機能することの前提には、この犠牲の恒常的な実行があるのだ」。

ある他者への責任が他の他者への無責任となり、他の他者に**死を与える**絶対的犠牲のパラドクスは、戦争において極大化する。デリダは『死を与える』の中で湾岸戦争に言及し、「イラク国家の犠牲であれ、法を尊重しないかどでイラク国家を非難した多国籍軍の犠牲であれ」、「一人ひとりの特異性（singularité）がそれぞれ無限に特異的であるような無数の犠牲」について語っている。イラクのクウェート侵攻・併合は一九九〇年八月、多国籍軍のイラク攻撃開始は一九九一年一月、

多国籍軍の勝利による停戦発効は同年二月、『死を与える』の公刊は一九九二年七月であった。

イラクによるクウェート侵攻と併合は国際法上違法である。それはクウェート国民に犠牲を強いつつあった。だが同時に、この違法状態を解消しクウェート国民の犠牲を食い止めるためとして発動された、対イラク経済制裁から多国籍軍による空爆、地上戦にいたる実力行使も、国連安保理の決議に基づくかぎりで国際法上「合法」と見なしうるとはいえ、イラクの市民と兵士、そして多国籍軍兵士にも多数の新たな犠牲を生み出した。イスラエルのパレスチナ占領との関係でダブル・スタンダードに当たるという正当な批判（デリダは国際法を「偽善的に引き合いに出す」と言っている）はいま措くとしても、ある他者たちの犠牲の解消をめざした法的・政治的・倫理的決定が、他の他者たちの犠牲なしには実行しえないというアポリアがここには存在する。

新たな犠牲を避けるために多国籍軍の武力行使に反対し、あくまで非暴力的解決をめざしてはどうか。しかし、「非暴力的解決」とは何か。経済制裁はすでに「暴力的」であり、イラクがクウェートの原状回復を受け入れるまでイラク市民に生じる犠牲、イラクの支配によってクウェート市民に生じる犠牲には計りがたいものがある。外交交渉に徹するとして、その間にイラクのクウェート支配が進み、犠牲が増えるとしたらどうするのか。そもそも外交交渉のみによって、どうしたらイラクに原状回復を認めさせることができるのか。

犠牲のパラドクスの極大化は、いわゆる「人道的介入」一般にも見られる。武力行使なしには大虐殺が止められず、大きな犠牲が避けられないと見られるが、武力行使に踏み切れば、それによってまた大きな犠牲が避けられない。いずれにせよ、**人は「絶対的犠牲」の構造の中で決定しなければならないのであって、その外部は存在しない。**あらゆる決定の拒否もまた一つの決定であり、最悪の犠牲をも傍観することにつながる。ヒトラー暗殺計画への参加を決断したプロテスタント神学者ボンヘッファーの決断も、このアポリアの中でなされたものだっただろう。現代正戦論の最大の誘惑もここにある。ナチス・ドイツ支配下でユダヤ人絶滅をはじめとする恐るべき犠牲を止めたのは、連合軍の軍事力ではなかったか。ヒトラーとの戦争なしに、ヒトラーの戦争と暴力支配をどうしたら止められたのか。

非暴力平和主義もまた、「絶対的犠牲」のアポリアを免れるわけにはいかない。平和主義はもしもそれがアプリオリに、あらゆる事態に対して自動的に適用されるのであれば、最も無責任な態度の一つとなる。その場合には平和主義は、他者を尊重するように見えながら、実際はいかなる他者の呼びかけにも応答していないのだ。

「絶対的犠牲」の構造の認識は、しかし、対抗暴力に究極のアリバイを提供するものでもなければ、決定そのものへの絶望に導こうとするものでもない。犠牲の認識があるのは、他者の呼びかけに応答し、責任を負おうとするからである。**あらゆる犠牲の廃棄は不可能であるが、この不可能なものへの欲望なしに責任ある決定はありえない。**あらゆる犠牲の廃棄とは、特異な他者たちの呼びかけに普遍的に応えること、すなわちデリダの言う正義にほかならない。**「絶対的犠牲」の構造の中で、**しかし、**あらゆる犠牲の廃棄を欲望しつつ決定しなければならないのだ。**

イサクの犠牲は、アブラハムが刀を振り下ろす瞬間にさし止められる。だが、「絶対的犠牲」の構造は終わらない。イサクの代わりに他の他者が、雄羊が全焼の犠牲に供せられるのである。

（『前夜』二〇〇五年春冬号）

希《まれ》な望み

徐京植

「日本で民主主義が死ぬ日」(九九年)、「断絶の世紀・証言の時代」(〇〇年)、「コンパッション(共感共苦)は可能か?」(〇一年)、「〈反戦〉、いまこそ」(〇二年)——この数年、私たちが積み重ねてきた対話集会のタイトルである。ここにすでに、私たちの時代認識と切迫した思いが読み取れるであろう。その思いの延長上に、季刊『前夜』を起ち上げようという今回の企図がある。

現在、日本で起きていることは戦後民主主義を総否定しようとする歴史的大反動である。反動は、いまでは公然とイラクの戦場に自衛隊が送り出され、憲法9条の廃棄が主張される段階にいたっている。ここ数年来私たちが憂慮していたとおり、いや、それをも上回る速度で、戦争のできる国への変化は着々と進んでいる。戦後の日本で今日ほど、排他的ナショナリズム、近隣諸国への敵愾心、少数者への差別意識、無責任な自己中心主義が大手を振って跳梁している時期はない。

いまは夜である。夜が続いている。日本という一つの社会が、速やかに、滑らかに、転落を続けている。だが、この夜は漆黒の闇ではなく、むしろ不快な明るさを帯びている。壊れたテレビ画面のようだ。色彩ばかりケバケバしく、ピントが合っていないのだ。登場人物たちは非論理的な発言を平然と反復し、軽薄に笑い合っている。笑いながら、確実に転落している。その果てには破局が待っている。戦争前夜、破局前夜である。

しかも、日本が破局の奈落に落ちるのは、かつての戦争がそうであったように、自らに数倍、数十倍する犠牲を他者に強いたあとのことなのだ。日本人が殺されるのは、すでに何倍、何十倍もの他者を殺してしまったあとなのだ。

この夜を不安のうちに過ごしている人々、この転落に何とかして歯止めをかけたいと考えている人々は少なくない。しかし、その人々はそれぞれに分散、孤立しており、手がかり足がかりとなる拠点をもっていない。政党、労働組合、市民運動、学生運動、知識人、マスメディア……およそ、あらゆる抵抗の拠点が崩壊ないし腐朽してしまった。とりわけ、冷笑と相対化の言説をもてあそぶことに終始し、危機にあたって自己の責務を自覚すらしない知識人とメディアの罪は言いようもなく大きい。

いま、この夜に、私たちは、たとえ非力でも、みずからひとつの抵抗点となろうと決意した。季刊『前夜』は、私たちと同じ思いを抱いてこの夜を生きている人々に、政治だけでなく、思想、文化の領域において、抵抗の足がかりを提供しようとする。

破局前夜が新生前夜となる、戦争前夜が解放前夜となる、その希《まれ》な望みを、私たちは棄てない。

（創刊リーフレット「前夜への招待」、二〇〇四年）

村山談話（村山内閣総理大臣談話「戦後50周年の終戦記念日にあたって」）

先の大戦が終わりを告げてから、五〇年の歳月が流れました。今、あらためて、あの戦争によって犠牲となられた内外の多くの人々に思いを馳せるとき、万感胸に迫るものがあります。

敗戦後、日本は、あの焼け野原から、幾多の困難を乗りこえて、今日の平和と繁栄を築いてまいりました。このことは私たちの誇りであり、そのために注がれた国民の皆様一人一人の英知とたゆみない努力に、私は心から敬意の念を表わすものであります。ここに至るまで、米国をはじめ、世界の国々から寄せられた支援と協力に対し、あらためて深甚な謝意を表明いたします。また、アジア太平洋近隣諸国、米国、さらには欧州諸国との間に今日のような友好関係を築き上げるに至ったことを、心から喜びたいと思います。

平和で豊かな日本となった今日、私たちはややもすればこの平和の尊さ、有難さを忘れがちになります。私たちは過去のあやまちを二度と繰り返すことのないよう、戦争の悲惨さを若い世代に語り伝えていかなければなりません。とくに近隣諸国の人々と手を携えて、アジア太平洋地域ひいては世界の平和を確かなものとしていくためには、なによりも、これらの諸国との間に深い理解と信頼にもとづいた関係を培っていくことが不可欠と考えます。政府は、この考えにもとづき、特に近現代における日本と近隣アジア諸国との関係にかかわる歴史研究を支援し、各国との交流の飛躍的な拡大をはかるために、この二つを柱とした平和友好交流事業を展開しております。また、現在取り組んでいる戦後処理問題についても、わが国とこれらの国々との信頼関係を一層強化するため、私は、ひき続き誠実に対応してまいります。

いま、戦後五〇周年の節目に当たり、われわれが銘記すべきことは、来し方を訪ねて歴史の教訓に学び、未来を望んで、人類社会の平和と繁栄への道を誤らないことであります。

わが国は、遠くない過去の一時期、国策を誤り、戦争への道を歩んで国民を存亡の危機に陥れ、植民地支配と侵略によって、多くの国々、とりわけアジア諸国の人々に対して多大の損害と苦痛を与えました。私は、未来に誤ち無からしめんとするが故に、疑うべくもないこの歴史の事実を謙虚に受け止め、ここにあらためて痛切な反省の意を表し、心からのお詫びの気持ちを表明いたします。また、この歴史がもたらした内外すべての犠牲者に深い哀悼の念を捧げます。

敗戦の日から五〇周年を迎えた今日、わが国は、深い反省に立ち、独善的なナショナリズムを排し、責任ある国際社会の一員として国際協調を促進し、それを通じて、平和の理念と民主主義とを押し広めていかなければなりません。同時に、わが国は、唯一の被爆国としての体験を踏まえて、核兵器の究極の廃絶を目指し、核不拡散体制の強化など、国際的な軍縮を積極的に推進していくことが肝要であります。これこそ、過去に対するつぐないとなり、犠牲となられた方々の御霊を鎮めるゆえんとなると、私は信じております。

「杖《よ》るは信《しん》に如《し》くは莫《な》し」（編集部注――「頼りにするものは、信義に勝るものはない」の意）と申します。この記念すべき時に当たり、信義を施政の根幹とすることを内外に表明し、私の誓いの言葉といたします。

（一九九五年八月一五日、http://www.mofa.go.jp/mofaj/press/danwa/07/dmu_0815.html）

安倍談話（内閣総理大臣談話）

終戦七十年を迎えるにあたり、先の大戦への道のり、戦後の歩み、二十世紀という時代を、私たちは、心静かに振り返り、その歴史の教訓の中から、未来への知恵を学ばなければならないと考えます。

百年以上前の世界には、西洋諸国を中心とした国々の広大な植民地が、広がっていました。圧倒的な技術優位を背景に、植民地支配の波は、十九世紀、アジアにも押し寄せました。その危機感が、日本にとって、近代化の原動力となったことは、間違いありません。アジアで最初に立憲政治を打ち立て、独立を守り抜きました。日露戦争は、植民地支配のもとにあった、多くのアジアやアフリカの人々を勇気づけました。

世界を巻き込んだ第一次世界大戦を経て、民族自決の動きが広がり、それまでの植民地化にブレーキがかかりました。この戦争は、一千万人もの戦死者を出す、悲惨な戦争でありました。

人々は「平和」を強く願い、国際連盟を創設し、不戦条約を生み出しました。戦争自体を違法化する、新たな国際社会の潮流が生まれました。

当初は、日本も足並みを揃えました。しかし、世界恐慌が発生し、欧米諸国が、植民地経済を巻き込んだ、経済のブロック化を進めると、日本経済は大きな打撃を受けました。その中で日本は、孤立感を深め、外交的、経済的な行き詰まりを、力の行使によって解決しようと試みました。国内の政治システムは、その歯止めたりえなかった。こうして、日本は、世界の大勢を見失っていきました。

満州事変、そして国際連盟からの脱退。日本は、次第に、国際社会が壮絶な犠牲の上に築こうとした「新しい国際秩序」への「挑戦者」となっていった。進むべき針路を誤り、戦争への道を進んで行きました。

そして七十年前。日本は、敗戦しました。

戦後七十年にあたり、国内外に斃れたすべての人々の命の前に、深く頭を垂れ、痛惜の念を表すとともに、永劫の、哀悼の誠を捧げます。

先の大戦では、三百万余の同胞の命が失われました。祖国の行く末を案じ、家族の幸せを願いながら、戦陣に散った方々。終戦後、酷寒の、あるいは灼熱の、遠い異郷の地にあって、飢えや病に苦しみ、亡くなられた方々。広島や長崎での原爆投下、東京をはじめ各都市での爆撃、沖縄における地上戦などによって、たくさんの市井の人々が、無残にも犠牲となりました。

戦火を交えた国々でも、将来ある若者たちの命が、数知れず失われました。中国、東南アジア、太平洋の島々など、戦場となった地域では、戦闘のみならず、食糧難などにより、多くの無辜の民が苦しみ、犠牲となりました。戦場の陰には、深く名誉と尊厳を傷つけられた女性たちがいたことも、忘れてはなりません。

何の罪もない人々に、計り知れない損害と苦痛を、我が国が与えた事実。歴史とは実に取り返しのつかない、苛烈なものです。一人ひとりに、それぞれの人生があり、夢があり、愛する家族があった。この当然の事実をかみしめる時、今なお、言葉を失い、ただただ、断腸の念を禁じ得ません。

これほどまでの尊い犠牲の上に、現在の平和がある。これが、戦後日本の原点であります。

二度と戦争の惨禍を繰り返してはならない。

事変、侵略、戦争。いかなる武力の威嚇や行使も、国際紛争を解決する手段としては、もう二度と用いてはならない。植民地支配から永遠に訣別し、すべての民族の自決の権利が尊重される世界にしなければならない。

先の大戦への深い悔悟の念と共に、我が国は、そう誓いました。自由で民主的な国を創り上げ、法の支配を重んじ、ひたすら不戦の誓いを堅持してまいりました。七十年間に及ぶ平和国家としての歩みに、私たちは、静かな誇りを抱きながら、この不動の方針を、これからも貫いてまいります。

我が国は、先の大戦における行いについて、繰り返し、痛切な反省と心からのお詫びの気持ちを表明してきました。その思いを実際の行動で示すため、インドネシア、フィリピンはじめ東南アジアの国々、台湾、韓国、中国など、隣人であるアジアの人々が歩んできた苦難の歴史を胸に刻み、戦後一貫して、その平和と繁栄のために力を尽くしてきました。

こうした歴代内閣の立場は、今後も、揺るぎないものであります。

ただ、私たちがいかなる努力を尽くそうとも、家族を失った方々の悲しみ、戦禍によって塗炭の苦しみを味わった人々の辛い記憶は、これからも、決して癒えることはないでしょう。

ですから、私たちは、心に留めなければなりません。

戦後、六百万人を超える引揚者が、アジア太平洋の各地から無事帰還でき、日本再建の原動力となった事実を。中国に置き去りにされた三千人近い日本人の子どもたちが、無事成長し、再び祖国の土を踏むことができた事実を。米国や英国、オランダ、豪州などの元捕虜の皆さんが、長年にわたり、日本を訪れ、互いの戦死者のために慰霊を続けてくれている事実を。

戦争の苦痛を嘗め尽くした中国人の皆さんや、日本軍によって耐え難い苦痛を受けた元捕虜の皆さんが、それほど寛容であるためには、どれほどの心の葛藤があり、いかほどの努力が必要であったか。

そのことに、私たちは、思いを致さなければなりません。

寛容の心によって、日本は、戦後、国際社会に復帰することができました。戦後七十年のこの機にあたり、我が国は、和解のために力を尽くしてくださった、すべての国々、すべての方々に、心からの感謝の気持ちを表したいと思います。

日本では、戦後生まれの世代が、今や、人口の八割を超えています。あの戦争には何ら関わりのない、私たちの子や孫、そしてその先の世代の子どもたちに、謝罪を続ける宿命を背負わせてはなりません。しかし、それでもなお、私たち日本人は、世代を超えて、過去の歴史に真正面から向き合わなければなりません。謙虚な気持ちで、過去を受け継ぎ、未来へと引き渡す責任があります。

私たちの親、そのまた親の世代が、戦後の焼け野原、貧しさのどん底の中で、命をつなぐことができた。そして、現在の私たちの世代、さらに次の世代へと、未来をつないでいくことができる。それは、先人たちのたゆまぬ努力と共に、敵として熾烈に戦った、米国、豪州、欧州諸国をはじめ、本当にたくさんの国々から、恩讐を越えて、善意と支援の手が差しのべられたおかげであります。

そのことを、私たちは、未来へと語り継いでいかなければならない。歴史の教訓を深く胸に刻み、より良い未来を切り拓いていく、アジア、そして世界の平和と繁栄に力を尽くす。その大きな責任があります。

私たちは、自らの行き詰まりを力によって打開しようとした過去を、この胸に刻み続けます。だからこそ、我が国は、いかなる紛争も、法の支配を尊重し、力の行使ではなく、平和的・外交的に解決すべきである。この原則を、これからも堅く守り、世界の国々にも働きかけてまいります。唯一の戦争被爆国として、核兵器の不拡散と究極の廃絶を目指し、国際社会でその責任を果たしてまいります。

私たちは、二十世紀において、戦時下、多くの女性たちの尊厳や名誉が深く傷つけられた過去を、この胸に刻み続けます。だからこそ、我が国は、そうした女性たちの心に、常に寄り添う国でありたい。二十一世紀こそ、女性の人権が傷つけられることのない世紀とするため、世界をリードしてまいります。

私たちは、経済のブロック化が紛争の芽を育てた過去を、この胸に刻み続けます。だからこそ、我が国は、いかなる国の恣意にも左右されない、自由で、公正で、開かれた国際経済システムを発展させ、途上国支援を強化し、世界の更なる繁栄を牽引してまいります。繁栄こそ、平和の礎です。暴力の温床ともなる貧困に立ち向かい、世界のあらゆる人々に、医療と教育、自立の機会を提供するため、一層、力を尽くしてまいります。

私たちは、国際秩序への挑戦者となってしまった過去を、この胸に刻み続けます。だからこそ、我が国は、自由、民主主義、人権といった基本的価値を揺るぎないものとして堅持し、その価値を共有する国々と手を携えて、「積極的平和主義」の旗を高く掲げ、世界の平和と繁栄にこれまで以上に貢献してまいります。

終戦八十年、九十年、さらには百年に向けて、そのような日本を、国民の皆様と共に創り上げていく。その決意であります。

（二〇一五年八月一四日、http://www.kantei.go.jp/jp/97_abe/discource/20150814danwa.html）

1996	9.4　沖縄少女暴行事件（米兵３名よる 12 歳の少女の集団強姦事件） 10.20　小選挙区比例代表制での初の総選挙。投票率は戦後最低の 59.65％。 →自民 239 議席、社民惨敗（15 議席）、新進（156）、民主（52）、共産（26）
1997	1.30 「新しい歴史教科書をつくる会」創立 5.30 「日本会議」創立
1999	8.9　国旗国歌法制定
2000	12.12　女性戦犯国際法廷（昭和天皇を有罪と判断、日本の国家責任を認定）
2001	8.27-9.4　ダーバン会議（反人種主義・差別撤廃世界会議） 9.11　米国ニューヨーク、ワシントンなどで同時多発テロ事件 9.17　小泉首相訪朝「日朝平壌宣言」発表　→「拉致問題」
2003	3.20　イラク戦争開戦（米英連合軍のイラク侵攻）
2004	8.13　沖縄国際大学に米軍ヘリコプター墜落
2006	9.26（～ 07.8.27）　第一次安倍内閣 12.22　教育基本法公布・施行（旧法を改定）
2007	5.14　国民投票法（改憲手続きを定める）成立
2009	8.30　総選挙で民主党圧勝（308 議席）。政権交代へ。→ 9.16．民主党鳩山内閣誕生
2011	3.11　東日本大震災。福島第一原発事故 12　李明博韓国大統領訪日、野田首相と会談、慰安婦問題の解決を強く訴える
2012	12.16　総選挙で民主党が壊滅的大敗。自民党単独過半数→第二次安倍内閣
2013	7.29　麻生太郎副総理が改憲の手順について「ナチスの手口に学んだら」発言 9.7　国際オリンピック委員会総会（ブエノスアイレス）で安倍首相が福島原発事故は「アンダーコントロール」であると演説 → 2020 年東京オリンピック招致決定 12.6　特定秘密保護法成立 12.27　仲井眞弘多沖縄県知事が米軍普天間飛行場の名護市辺野古移設に向けた埋め立てを承認
2014	1　沖縄県議会が仲井眞知事の辞任を求める決議可決 11.16　沖縄県知事選で仲井眞知事が破れ、翁長雄志が当選
2015	8.14　安倍首相「戦後 70 年談話」 9.17 「平和安全法制二法」成立（集団的自衛権の容認など） 12.28　韓日外相会談「慰安婦問題に関する最終合意」
2016	7.31　東京都知事選で小池百合子が当選 8.8　平成天皇（明仁）が会見で生前退位の意向を表明 12.9　韓国国会が朴槿恵大統領を弾劾訴追。朴大統領は任期途中で失職
2017	5.9　韓国大統領選挙で文在寅が当選 6.15 「共謀罪」（組織犯罪処罰法）成立 10.22　衆議院選挙で与党（自公）圧勝。野党民進党は分裂
2018	2.9（～ 2.25）韓国平昌での冬季オリンピックに北朝鮮選手団と代表団が参加 4.27　板門店で南北首脳会談。「板門店宣言」 6.13　シンガポールで米朝首脳会談。米の北朝鮮に対する体制保障、北朝鮮の朝鮮半島非核化意思確認などを明記した共同宣言

本書関連略年表

1989	1.7　昭和天皇死去 6.4　天安門事件 11.10　ベルリンの壁取り壊し始まる 12.2　ブッシュ、ゴルバチョフ、マルタ島で米ソ首脳会談→ソ連東欧圏解体へ
1990	2.2　南アでネルソン・マンデラ釈放 2.18　日本総選挙　自民党 275 議席、社会党大躍進 136 議席（83 議席から） 4.26　中山外相が朝鮮植民地支配は「侵略」と初めて公式に認める 5.17　海部首相が「太平洋戦争は侵略戦争と認識」と答弁
1991	1.10　日韓外相覚書 1.17　国連多国籍軍イラク空爆（湾岸戦争） 8.11　もと慰安婦・金学順（キム・ハクスン）が名乗り出る → 12 月、補償請求訴訟提訴→ 2004 年 11 月最高裁で棄却、敗訴 9.17　韓国、朝鮮民主主義人民共和国、国連に同時加盟 9.24　金丸、田辺、自社合同訪朝団 9.30　韓ソ国交樹立 10.3　東西ドイツ統一 12.26　ソ連消滅
1992	1.13　加藤官房長官談話、慰安婦問題で公式謝罪 1.17　訪韓の宮沢首相、慰安婦問題で公式謝罪表明 1.28　ブッシュ米大統領、冷戦勝利宣言 2.7　欧州連合の創設を定めたマーストリヒト条約調印→ 1993.11.1　発効 8.24　韓中国交樹立
1993	2.26　ニューヨーク世界貿易センタービル爆弾テロ 7.18　総選挙自民党過半数割れ（223 議席）、社会党惨敗（70） → 7.27　非自民 7 党 1 会派が「細川首相」で一致 8.4　慰安婦問題で河野官房長官談話 8.5　自民党宮沢内閣総辞職（自民党内閣終幕）→ 8.9　細川内閣発足 8.15　細川首相、全国戦没者追悼式で「戦争責任」発言 11.6　細川首相が韓国訪問、金泳三大統領との会見で「日本の韓国統治」を陳謝
1994	1.29　政治改革関連法案合意（小選挙区比例代表並立制）、同日衆参両院で可決 4.8　細川首相が辞意。連立与党が分裂状態に 5.3　永野法相「南京大虐殺はでっち上げ」発言→ 5.7　法相辞任 6.25　細川内閣総辞職 6.29　自民、社会、さきがけ 3 党連立の村山首相選出→ 6.30　村山内閣発足 7.20　村山首相、国会代表質問で自衛隊合憲論、米軍基地存在容認 9.3　社会党臨時党大会で新政策を承認 →自衛隊合憲、日米安保堅持、PKO 積極参加、日の丸・君が代認知など
1995	1.17　阪神大震災 3.20　東京地下鉄サリン事件 4.19　米オクラホマ連邦政府ビル爆弾テロ　117 人死亡 6.9　戦後 50 年国会決議 7.18　「アジア女性基金」発足 8.15　村山首相談話
1996	1.5　村山首相退陣表明 1.17　日本社会党が社会民主党と改名 6.4　「明るい日本」国会議員連盟結成総会で奥野元法相が「慰安婦は商行為、強制は　なかった」と発言

「日毒」の消去という課題

高橋　哲哉

徐京植さんと私は一九九五年に出会い、在日朝鮮人と日本人という緊張を孕む関係にありながら、幸運にも思想的原則と状況認識とを共有することができたことから、当時の一連の対話を『断絶の世紀　証言の時代―戦争の記憶をめぐる対話』（岩波書店、二〇〇〇年）として上梓した。それは、東西冷戦終結後の一九九〇年代、日本の戦争と植民地支配の被害者が長い沈黙を破って続々と「証言」を開始した状況の中で、徐さんも私も、日本側がいかに応答し、いかに責任を果たすかによっては、一九世紀末以来の「断絶」の歴史を断ち切ることができるかもしれないという朧《おぼろ》な希望を抱きつつ重ねた対話の記録であった。

それ以来、すでにほぼ四半世紀の時が流れた。あの朧な希望がその後どうなったかと言えば、残念ながら、より深刻化した「断絶」の中に呑み込まれて今にも消え入るばかりといった有様のように思える。この間の歴史を真っ黒に塗り潰すつもりはない。日韓関係を例にとれば、人的・文化的交流が急速に拡大し、相互理解が進んだ部分があることは誰の目にも明らかな事実だ。しかしながら、「断絶」の核心にある歴史問題、すなわち日本の植民地支配に由来する加害と被害の関係の「清算」については、「慰安婦」問題の経緯に如実に示されているように、混迷に混迷を重ねて出口が見えない事態にまで立ち至ってしまっている。四半世紀前には、今日のようにヘイトスピーチが白昼公然と行なわれ、嫌韓、嫌中、嫌沖などといった排外主義がかくも蔓延した社会になろうとは、少なくとも私には想像することが難しかった。

歴史認識や人権感覚の世界基準からすれば「極右」に属すると言っても過言ではない勢力に、長期にわたり政治権力を恣《ほしいまま》にさせたことのダメージは、容易に回復できないところまで来ているように思われる。今年（二〇一八年）に入り、朝鮮半島情勢が激動した。本書の対談には、米朝間の緊張が高まる一方だった時期の感覚が反映しているが、平昌オリンピックを契機に南北融和の機運が生じ、南北首脳会談から米朝首脳会談へ、世界が注視する中で関係国の目まぐるしい外交が展開し、さしあたり戦争の危機が遠のいたばかりか、朝鮮戦争終結と在韓米軍撤退の可能性まで話題に上るに至った。今後についてはなお予断を許さないとしても、問題は、この間、韓国・文在寅政権が米朝の間にあって戦争回避のための外交を見事に展開したのに対し、日本の安倍政権がもっとも強硬に北朝鮮（朝鮮民主主義人民共和国）に対し「最大限の圧力」をかけ続けることに固執し続けたということである。トランプ政権が一時、首脳会談中止を宣言した際も、世界で唯一支持を表明し、まるで武力衝突を望んでいるかのようであった。

日本は敗戦後の占領下、朝鮮戦争が勃発すると米軍の指令で海上保安庁が掃海作戦を行なって事実上参戦し、サンフランシスコ講和条約と同じ日に結ばれた日米安保条約によって朝鮮戦争における米軍の兵站基地となり、その「朝鮮特需」によって戦後復興のきっかけをつかんだ。日本人拉致事件も、冷戦下で朝鮮戦争が正式に終結しないまま、日本が米軍基地を置き北朝鮮と敵対関係にあったことから起きた事件にほかならない。帝国期の植民地支配の責任を否認し続けるのに加えて、戦後日本が加担し続けてきた朝鮮戦争の終結にも背を向けるに至っては、「断絶」の克服どころか、新たな極東アジアの国際地図の中で孤立を深めるばかりとなるだろう。植民地支配責任を果たさず、朝鮮半島の平和にも背を向けてきた「日本」は、今年、「明治維新一五〇年」を官民挙げて言祝《ことほ》ぐのだそうである。根本的な問題は、まさに明治維新以後一五〇年経った今も、日本はその継続する植民地主義によって近隣諸民族との信頼関係を構築することができないでいる、ということではないか。

過日、ある人を介して、石垣島の詩人、八重洋一郎氏の新詩集『日毒』(コールサック社、二〇一七年)に接した。「日毒」とは、明治の初頭、石垣島で書記官を務めていた八重氏の高祖父の遺した書簡の中に記されていた言葉であり、また八重氏の曽祖父が官憲による拘禁・拷問の末に世を去った後、その手文庫の中に血書されていた言葉だという。八重氏の詩「日毒」の一節。

大東亜戦争　太平洋戦争
三百万の日本人を死に追いやり
二千万のアジア人をなぶり殺し　それを
みな忘れるという
意志　意識的記憶喪失
そのおぞましさ　えげつなさ　そのどす黒い
狂気の恐怖　そして私は
確認する
まさしくこれこそ今の日本の闇黒をまるごと表象する一語
「日毒」

「明治維新一五〇年」を語るなら、まさしく明治の初めから今日まで、八重山の人びとにとって日本が「日毒」を意味してきたという事実にも思いを致さなければなるまい。八重氏は詩集の「あとがき」にこう記している。

「本来なら「日毒」という言葉は、はるか以前に歴史の彼方に消え去っているべきであった。しかし今なおこの言葉は強いリアリティーを持っており、そのこと自体が現在を鋭く突き刺す。

いかにしてこの言葉を昇天させるか、我々の重い課題であろう。そしてそれは必ず果たさなければならない」

「日毒」の消去という課題。「明治維新一五〇年」を貫く日本の植民地主義の克服という課題。八重氏の言うように、それは私たちが「必ず果たさなければならない」課題であろう。

この課題を自覚し、曲がりなりにも我がものにしようとしてきた年月にあって、徐京植さんはいつも、私にとっては師のような友であり、友のような師であった。最後になるが、徐さんに深甚の感謝を捧げたい。また、私たちの対話に熱心に付き添い、本書の編集に当たってくださった高文研の真鍋さんにも、心より御礼申し上げる。

二〇一八年八月

日本型全体主義の完成

徐京植

「日本はとうとう来るところまで来た」私は昨年（二〇一七年）六月、韓国の新聞『ハンギョレ』に寄稿したコラムにそう書いた。とくにそう感じたのは、法務大臣が六月二日の国会答弁で、悪びれることもなく、かつての治安維持法は「適法に制定」されたものであり損害賠償も謝罪も実態調査もしない、と答弁したのを知ったからだ。日本軍国主義の象徴ともいうべきこの悪法はポツダム宣言受諾とともに占領軍総司令部の要求によって廃止され（一九四五年一〇月）、弾圧に猛威を振るった特高警察も廃止された。その治安維持法が「適法」なものであったと、法相が国会で答弁したのだ。治安維持法の再現と批判される「共謀罪」法案をめぐる質疑の中でこの答弁が淡々と行なわれ、世論もさほど敏感には反応しなかった。政権は、修辞を弄して批判をかわそうとする労すらとらず、実にあっさりと「本音」をさらけ出した。もう遠慮なく「本音」を出してもよいのだと悟ったようである。

それから一年余、去る七月二二日に通常国会が閉幕した。疑惑や隠蔽への説明は全くせず、さまざまな法案を短期間のうちに次々と強行採決した。もはや「来るところまで」どころではない。七人もの死刑執行（のちにさらに六人、あわせて一三人の処刑が二〇日間という短期間のうちに執行された。事実上の公開処刑である。）を行ない、大雨の被害に人びとが命を落としている時に、得々と酒宴を開いていた人びと。あの眼をそむけたくなる酒気おびの顔。その政権をそれでも支持するという国民たちの、うつろな顔。私は折に触れて、日本は一九九〇年代半ばから「長い反動期」に入ったと述べてきた。およそ二〇年後の今日、私たちの眼前に広がる無惨な光景が、その帰結である。日本型全体主義がここに完成した。思考停止と自発的隷従を習いとする広汎な国民が下から支える全体主義である。戦後「日本民主主義」の枠外に押し出されてきた在日朝鮮人である私が、今ではおそらく多くの「日本国民」以上に、日本民主主義の死を悼んでいる。アイロニカルなことだ。

九〇年代半ばのある日、「自由主義史観」（当時の歴史修正主義者たちはそう自称していた）を批判する趣旨のシンポジウムに参加して発言したことがある。参加した人びとの大半は善良であったが、率直に言って、傍観者的であった。集会で同席した高名な教育学者が私に、「心配しなくても日本の民主主義はそんなにヤワじゃありませんよ」と語ったことを憶えている。その危機感の薄さに呆れながら私は、「ほんとうにそうなら良いのですが……」とだけ答えた。一九九〇年代前半という時期は「慰安婦」をはじめとしてアジア各地から戦争被害証人たちが現れ、遅きに失したとはいえ、日本社会がようやく少しずつでも加害責任の自覚という方向に向かうかに見えた。あのまま緩やかにでも、その方向をたどっていたなら、日本社会も現在のようではなかっただろう。アジアの被害諸民族との友情、連帯の芽が育っていただろう。だが、現実は逆方向をたどった。まさしく、あの時が反動化への転回点だった。私と高橋哲哉さんが出会ったのは、そういう時点でのことだった。

すでに世を去った日本の戦後知識人たちのことが、近頃しきりに心をよぎる。私自身が若い頃、謦咳に接したことのある方々、たとえばつい先日亡くなった日高六郎さんをはじめ、藤田省三、古在由重、加藤周一、安江良介、茨木のり子といった方々のことである。この方々がいわば私の先生である。当時ですら、この方々のような存在は少数派であり、権力との関係では微力であった。もちろんこの個々人に、現在の目で見たとき問題とすべき批判点や時代的制約性はある。それでもこの方々は戦後の一時期、日本社会に現れた理想の輝きであった。それが一瞬の光芒に過ぎなかったのか。日本社会は結局、みずからの力では変わり得ないのか。

それぞれの方について言うべきことは多々あるが、ここでは安江良介さんについてだけ短く述べておきたい。私が安江さんにお会いしたのは一九七〇年代前半、美濃部亮介東京都知事の特別秘書として都に出向したのち、岩波書店に復帰された頃であった。韓国は軍事独裁政権の圧政下にあり、私の兄二人も政治犯として獄中にあった。安江さんは、雑誌『世界』を主舞台に韓国民主化支援の言論活動を果敢に展開していた。朝鮮民族との真の友好関係構築は彼のライフワークの一つだった。一九七六年の講演で、日本の朝鮮植民地支配を批判した「殆ど無に等しいほど限られた少数の人たち」の例として、中野重治、槇村浩、柳宗悦の名をあげ、「そのような先人がいたことに私は日本人としてわずかに慰められている」と述べている。この言葉がすでにいまから四〇年ほど前のものだ。そのおよそ二〇年後、九〇年代の日本で、私は高橋哲哉さんとしばしば席をともにしながら、安江さんのこの言葉を想起していた。

高橋哲哉という人は、日本において「殆ど無に等しいほど限られた少数の人たち」の一人である。日本の植民地主義克服という課題に、思想の課題として、内発的に、しかも言論や研究だけでなく行動（たとえば「慰安婦」問題、教科書問題、沖縄基地問題など）においても、一貫して取り組んで来られた。

ちょうど二〇年前、高橋さんに長いインタビューさせてもらったことがある。私は、哲学徒である彼の、自身の倫理のよって来たるところを聞いてみたいと思っていた。自分は実践とは無縁な場所から遅れて出てきた、と彼は謙虚に語ったが、次のようにも付け加えている。

「古代ギリシャ以来の西洋哲学の伝統のようなものがいったんご破算になったとしか言いようがない地点から、それぞれが思考を始めなければいけない、そういう状況から二〇世紀の思想は出てきている。ところが、それを日本にもってくると、たんに「お勉強」の対象にしかならないという構造が牢固としてあるわけですよ。僕自身もそういうなかで育ってきましたから、完全に免れているとは思いませんけれど、空しい思いに襲われることが多くなってきて、このままではどうしても満足できないと思うようになりました」

この思いから出発し、この思いに忠実に、行動の中で思考してきたのが高橋さんである。今後日本社会はより悪い方向をたどるだろうが、九〇年代以降「反動期」の日本に彼が存在したという歴史的事実によって、後世の人たちは「わずかに慰められる」かもしれない。「脱構築されないもの、正義」、これがそのインタビューのタイトルである（『新しい普遍性へ―徐京植対話集』影書房、一九九九年、所収）。

二〇一八年八月

徐 京植（ソ キョンシク）
1951年京都生まれ。東京経済大学教授。
著書に『私の西洋美術巡礼』（みすず書房）『半難民の位置から―戦後責任論争と在日朝鮮人』（影書房）『プリーモ・レーヴィへの旅』（晃洋書房）『植民地主義の暴力』『詩の力』『日本リベラル派の頽落』（以上、高文研）『フクシマを歩いて―ディアスポラの眼』（毎日新聞社）『中学生の質問箱　在日朝鮮人つてどんなひと？』（平凡社）など多数。高橋哲哉との編著『奪われた野にも春は来るか』（高文研）がある。

高橋 哲哉（たかはし てつや）
1956年福島生まれ。東京大学大学院教授。
著書に『記憶のエチカ』（岩波書店）『デリダ―脱構築』『戦後責任論』（以上、講談社）『靖国問題』（ちくま新書）『犠牲のシステム　福島・沖縄』（集英社新書）『沖縄の米軍基地―「県外移設」を考える』（集英社新書）など多数。共著に『断絶の世紀　証言の時代―戦争の記憶をめぐる対話』（共著：徐京植、岩波書店）『フクシマ以後の思想をもとめて』（共著：徐京植、韓洪九、平凡社）など。

責任について
――日本を問う二〇年の対話

●二〇一八年 九月一八日――――第一刷発行
●二〇一九年一〇月 一 日――――第二刷発行

著 者／徐 京植・高橋 哲哉

発行所／株式会社 高文研
東京都千代田区神田猿楽町二―一―八
三恵ビル（〒一〇一―〇〇六四）
電話03＝3295＝3415
http://www.koubunken.co.jp

印刷・製本／モリモト印刷株式会社

★万一、乱丁・落丁があったときは、送料当方負担でお取りかえいたします。

ISBN978-4-87498-657-8 C0010